O TERREIRO

Vivências de um Médium
Contestando o Acaso

Pedro Scärabélo

O TERREIRO

Vivências de um Médium
Contestando o Acaso

MADRAS®

© 2020, Madras Editora Ltda.

Editor:
Wagner Veneziani Costa (*in memoriam*)

Produção e Capa:
Equipe Técnica Madras

Revisão:
Silvia Massimini Felix
Neuza Rosa

Dados Internacionais de Catalogação na Publicação
(CIP)(Câmara Brasileira do Livro, SP, Brasil)

Scärabélo, Pedro
terreiro: vivências de um médium contestando o acaso/Pedro Scärabélo. – São Paulo: Madras, 2020.

ISBN 978-65-5620-004-0

1. Umbanda (Culto) 2. Umbanda (Culto) – História 3. Umbanda (Culto) – Origem 4. Umbanda (Culto) – Rituais I. Título.

20-35201   CDD-299.672

Índices para catálogo sistemático:
1. Umbanda: Instrução religiosa: Religião   299.672
Maria Alice Ferreira – Bibliotecária – CRB-8/7964

É proibida a reprodução total ou parcial desta obra, de qualquer forma ou por qualquer meio eletrônico, mecânico, inclusive por meio de processos xerográficos, incluindo ainda o uso da internet, sem a permissão expressa da Madras Editora, na pessoa de seu editor (Lei nº 9.610, de 19/2/1998).

Todos os direitos desta edição reservados pela

MADRAS EDITORA LTDA.
Rua Paulo Gonçalves, 88 – Santana
CEP: 02403-020 – São Paulo/SP
Caixa Postal: 12183 – CEP: 02013-970
Tel.: (11) 2281-5555 – Fax: (11) 2959-3090
www.madras.com.br

Baseado em fatos reais...

Dedicatória

Dedico este livro primeiramente a Olorum (Deus) que me dá força e energia vital para continuar evoluindo nesta jornada como espírito encarnado.
A todos os Orixás, Mentores Espirituais e Anjos da Guarda que sempre estão ao meu lado, auxiliando-me e amparando-me nesta vida.
A toda a minha família, parentes e amigos que regaram com amor meus projetos, apoiando e ajudando com dedicação para que a caminhada se tornasse mais leve e segura.

Índice

Prefácio 11
Prólogo 13
Apresentação 15
Introdução 17
O Projeto Terreiro 19
Os Anjos não Dormem 21
O Início do Sacerdote 25
A Umbanda de Cáritas 29
Meu Primeiro Contato com Exu 33
A Farda Branca 37
A Importância do Livre-Arbítrio 43
Os Primeiros Livros de Umbanda 49
O Grande Jequitibá-Rosa 51
Os Dirigentes Desencarnaram 57
O Fim Não Existe 59
A Mentora Encarnada 63
A Fraternidade entre Irmãos 69
Primeiras Manifestações da Cúpula 71
O Retorno do Exu Tatá Caveira 73
O Preto-Velho se Apresentou 75
Na Pátria da Escravatura 81
Ordem e Direção na Senzala 85

O Dia da Grande Fuga 91
Aruanda: a Pátria Espiritual.. 95
O Despertar Sonambúlico.. 97
A Pré-Escola para a Fundação.. 99
A Migração Estrutural 103
Um Passo Fora da Umbanda..107
O Senhor Exu na Mesa Branca..111
O Templo Sagrado de Umbanda..115
A Estruturação do Templo..119
A Umbanda é uma Só 121
Os Aspectos de Cada Terreiro..125
A Sensatez de um Sacerdote 131
As Dimensões Astrais 135
A Regência do Terreiro 139
Os Orixás nos Terreiros 143
Os Arquétipos do Terreiro...149
E o Terreiro Nasceu na Terra 153
Uma Minhoca Cria Minhocário 155
Desmistificando o Acaso 159
O Terreiro..165

Prefácio

Por Alexandre Cumino

Pedro Scarabelo é um médium, dirigente espiritual e sacerdote muito dedicado. Ser convidado para fazer este prefácio é uma honra e um privilégio para mim. É uma honra ter o carinho de um irmão que eu admiro, por seu amor e entrega à Umbanda. Foi um privilégio ler de primeira mão uma história encantadora que desvela realidades deste e do outro mundo.

Por meio de páginas de emoção, alegria e revelações vemos, na primeira pessoa, um relato desde a infância com os primeiros sintomas de mediunidade, as dificuldades dele e da família em lidar com essa questão, a descoberta da Umbanda, o desabrochar de seus dons em um terreiro, a trajetória de vida e espiritualidade sendo conduzida, até o ponto de assumir a autonomia mediúnica e a liderança espiritual de uma comunidade umbandista.

Ao mesmo tempo que nosso querido irmão Pedro discorre sobre questões que todos nós, médiuns de Umbanda, nos identificamos, também demonstra proximidade e intimidade com Deus, com os guias, sua família espiritual, família de alma.

Dos encontros e desencontros nos terreiros de Umbanda, inseguranças que assolam todos os médiuns em desenvolvimento, práticas cotidianas de um templo, conhecer a história de seu Preto-Velho, Pai Izaquias; acompanhar como foi a idealização do terreiro, Casa Luz do Amanhã, já é muita coisa boa de se ler e absorver.

Para além de tanto amor e sabedoria, Pedro nos brinda com estudos e conhecimentos claros e passados com muita leveza sobre a origem da Umbanda, as vertentes de Umbanda, a importância do estudo teológico e sacerdotal.

Também enaltece a obra de nosso Mestre Rubens Saraceni, um exemplo para todos nós, que trouxe um verdadeiro despertar da literatura e do estudo umbandista, teórico (Teologia) e prático (Desenvolvimento e Sacerdócio). Receber a obra de Pedro Scarabelo na mesma editora que publica meus títulos e de Pai Rubens Saraceni é também um privilégio.

Rubens Saraceni é autor de mais de 50 títulos de livros pela Madras Editora, é idealizador dos cursos livres de "Teologia de Umbanda" e "Sacerdócio de Umbanda". Foi o primeiro médium de Umbanda a psicografar romances mediúnicos que revelam a realidade de Umbanda no Astral.

Estamos juntos nesta caminhada. Tomar conhecimento da história de vida deste irmão querido só faz aumentar meu carinho, respeito e admiração por ele e sua vida na Umbanda.

Tenho certeza de que este livro tem uma alma, que é luz para a vida de tantos que terão esse privilégio e oportunidade de ler.

Minha gratidão ao irmão querido e sacerdote de Umbanda, Pedro Scarabelo!

Alexandre Cumino, cientista da religião, sacerdote de Umbanda responsável pelo Colégio Pena Branca. É autor de 13 livros pela Madras Editora, entre estes os consagrados Exu não é Diabo, Pombagira – A Deusa *e* Médium Incorporação não é Possessão.

Prólogo

Antes de ser mostrado ao mundo, deixo o parecer sobre este livro redigido por Pai Pedro Scärabélo, autor de dois livros fascinantes, *O Guardião dos Tempos*, psicofonia pelo Espírito Tatá Caveira, e o e-book *Entre o Bem e o Mal – Dogmas de Amor e Lógica*.

O sentimento é de felicidade, honra e realização por essa oportunidade oferecida por Pai Pedro. Mais do que qualquer coisa, valerá o testemunho da verdade de que a fé, sendo o pilar de nós mesmos, deve ser sempre renovada. Você descobrirá que a vida é muito mais do que se possa pensar ou imaginar, o livro fala e a alma responde.

Quem escreve quer mudar o mundo, é claro! Esta obra explica exatamente, em detalhes, como fundar um terreiro de Umbanda. Porém, antes poderemos apreciar todo o processo de um menino que aos poucos foi se descobrindo como um grande médium, até tornar-se dirigente de uma casa, de um terreiro umbandista. Teremos a oportunidade de saber sobre os dogmas, Orixás e as entidades, também com alguns diálogos emocionantes.

Enfim, após sofrimentos com obsessões e revelações, sua fé e confiança nos sagrados e na Lei Maior deram-lhe forças para continuar e nunca desistir. Esta leitura transformará sua alma, mudará sua visão sobre a religião "Umbanda Sagrada".

Bem-vindos, boa leitura, bom aproveitamento e deleitem-se.[1] Que Oxalá os abençoe.

Ivanilce Felis Bomfim Nhola
Pedagoga e membro da Casa de Amor e Caridade Luz do Amanhã

---

1. **Deleite-se:** Possuir uma sensação de contentamento; satisfazer-se, apreciar uma obra, despertar o gosto pela leitura, um entretenimento saudável que ensina e informa.

Minha jornada mediúnica começou há pouquíssimo tempo. Considero-me um bebê neste Universo tão vasto e rico, ainda engatinhando para atingir um conhecimento que leve à tão almejada evolução espiritual.

Fui criada na religião católica, passando por todas as etapas obrigatórias dela. Contudo, paralelamente, sempre estive em contato com a Umbanda, já que meu irmão mais velho fazia parte do corpo mediúnico de outro terreiro da cidade.

Passei por diversos terreiros, cada um com sua vertente, mas todos com muito a me ensinar. E fui convidada, em cada um deles, a fazer parte deste. Porém, nenhum deles fazia com que me sentisse em casa.

Vi e ouvi muitas coisas que me assustaram. Cheguei a perder a fé em religiões. Passei um tempo somente conversando com Deus e pedindo que me mostrasse meu lugar e qual caminho seguir.

E foi na Casa Luz do Amanhã que encontrei esse lugar, que me senti em casa, como parte integrante de fato. Foi aqui, neste terreiro, que conheci Olorum (Deus) e, como diz um ponto muito conhecido, foi na Umbanda que minha vida começou a melhorar.

Tenho uma gratidão imensa ao Pai Pedro Scärabélo e a todos os dirigentes, espirituais e do plano físico, por me acolherem e me ensinarem tanto.

Tive a oportunidade de participar da revisão deste livro e, com isso, ficou claro que era um presente da espiritualidade. Espero que todos os leitores se emocionem da mesma maneira que eu. Foram cinco leituras, e em todas me emocionei, chorei, sorri, senti tudo que foi escrito.

Ao começarem a leitura, tenham em seus corações que será um presente divino a todos!

Gratidão, Pai Pedro Scärabélo!
Gratidão, Casa Luz do Amanhã!

Cris Panicacci
Membro da Casa de Amor e Caridade Luz do Amanhã

Apresentação

Este livro traz em seu contexto fatos marcantes da vida mediúnica de um jovem médium umbandista que reencarnou no plano físico após sofrer algumas quedas em vidas anteriores, com a missão do sacerdócio, em restabelecer sua evolução e ajudar as pessoas que buscam auxílio espiritual nos terreiros de Umbanda.

Da dor ao amor incondicional à sua religião, o jovem médium reconheceu, em seu amparo, sua verdade evolutiva, e, em momento oportuno, fundou e gerenciou um terreiro de Umbanda no plano físico, com o agô[2] e o auxílio de seus mentores espirituais.

O jovem médium foi auxiliado e amparado pela força espiritual advinda de uma cúpula[3] de espíritos benfeitores em toda a sua caminhada. Um grupo de "pessoas", ou melhor, de mentores espirituais que se agrupam em uma determinada dimensão espiritual por afinidade, com o objetivo de desenvolver projetos de auxílio aos encarnados.

E dentre esses projetos desenvolvidos por essa cúpula, está o projeto "Terreiro de Umbanda". A fundação de um terreiro de Umbanda, ao contrário do que muitos pensam, não é um ato simples e mecânico.

A estrutura de um templo religioso é fundamentada em dezenas, ou até mesmo em centenas de anos antes de seu surgimento no plano físico, por espíritos dedicados que auxiliam os seres encarnados.

---

2. **Agô:** No Iorubá, pedido de licença para movimentos de entrada, saída, passagem.
3. **Cúpula:** Grupo de pessoas que define as regras (dicionário informal).

Esta obra retrata histórias, fatos e situações que levaram esse jovem médium a compreender como um terreiro de Umbanda nasce, como são gerenciados no plano físico pelos mentores espirituais, como eles fornecem as devidas condições para nossas ações e tomadas de decisões em meio a tantas turbulências do plano físico.

Participando como protagonistas espirituais dessa obra, vários espíritos que recebem diretrizes das esferas espirituais ainda mais elevadas direcionaram essas informações espirituais para seus falangeiros,[4] e, consequentemente, para o jovem médium e seu terreiro.

Em especial o senhor Exu Guardião Tatá Caveira que tem o propósito de auxiliar, proteger, vitalizar, orientar e neutralizar toda ação negativa externa que venha atrapalhar essa missão na Terra. Essa afinidade espiritual não é por acaso; em vidas passadas o jovem médium e o senhor Exu foram grandes amigos e hoje estão juntos novamente em um novo contexto de vida; ele amparando o jovem médium na esquerda, e o médium encarnado dando condições materiais para sua atuação em Terra.

Esta obra traz, acima de tudo, histórias de superação e dedicação de espíritos auxiliadores, ligados diretamente a uma cúpula espiritual para a fundação de um templo religioso de Umbanda na Terra, através de um jovem médium umbandista que contesta toda e qualquer ação do acaso.

---

4. **Falange espiritual ou falangeiros:** É um conceito presente em diversas religiões que descreve agrupamento de espíritos agindo sob um determinado objetivo.

Introdução

Diferente do que muitos pensam, o nascimento de um terreiro não é apenas o ato mecânico de abrir uma porta ou um simples espaço.

O processo de nascimento de um terreiro é maravilhoso e não se inicia na Terra, e sim nas dimensões espirituais, por meio de um projeto estruturado por um grupo de espíritos que definem regras e diretrizes.

Assim como a Umbanda foi anunciada, fundada e fundamentada por Zélio Fernandino de Morais, por meio do Caboclo das Sete Encruzilhadas, no dia 15 de novembro de 1908, com toda uma cúpula espiritual de fundação envolvida no processo, o mesmo ocorre com o nascimento de um terreiro.

A religião de Umbanda não teve origem diretamente na Terra, mas nas dimensões superiores, por intermédio de uma cúpula formada por espíritos ascencionados, que nós umbandistas chamamos de Cúpula Movimento Umbanda Astral.

Todo o processo de fundação de um terreiro tem sua origem no plano espiritual, onde uma cúpula espiritual se forma para a sua estruturação do espaço físico sagrado na Terra.

Somente após o processo de estruturação espiritual, essa cúpula de espíritos direcionará o terreiro no futuro. Na ocasião seguinte vem o processo de preparo para a inclusão do projeto no mundo material. Todo esse processo leva dezenas de anos terrestres, ou, quem sabe, até centenas de anos.

Neste livro o leitor irá entender passo a passo a estruturação, formação da cúpula espiritual, implantação do projeto no plano físico, preparação do sacerdote e dos médiuns que farão parte do terreiro, o local e, finalmente, a fundação do espaço sagrado que é o terreiro de Umbanda.

Sem dúvida o leitor se identificará com esta obra e vivenciará durante a leitura sua própria realidade de acordo com sua experiência e vivência atual, em seu terreiro e com suas histórias em particular.

O leitor também perceberá que nada, absolutamente nada, é por acaso. Tudo tem um propósito e uma razão de ser, e por meio do livre-arbítrio damos ou não direção para esses gatilhos espirituais.

Muitas vezes nos falta o entendimento dos fatos que ocorrem na vida material, mas conforme o tempo vai passando as peças do quebra-cabeça irão se encaixando e tudo começará a fazer sentido.

Quando realmente os fatos começarem a ter discernimento e coerência, é sinal de que a maturidade espiritual estará se concretizando, e começará a revelar as origens e estruturas da criação a todos nós, cada qual no seu tempo.

Agora é hora de vivenciar o nascimento de um terreiro de Umbanda, do plano espiritual para o plano físico.

Viva esta história dentro de sua própria história e entenda a criação de seu terreiro do plano espiritual para o plano material, que hoje auxilia várias pessoas encarnadas e desencarnadas, que buscam o auxílio espiritual e a verdadeira caridade dos mentores que vêm em Terra por amor a nós.

Ótima leitura... Axé!
Pai Pedro Scärabélo

O Projeto Terreiro

Assim como no plano espiritual, o projeto "Terreiro na Terra" começa pelo líder do terreiro, que será o futuro sacerdote, claro que anos antes de o terreiro surgir. E, detalhe, o líder espiritual em Terra é um ser como qualquer outro, que buscará sua evolução, cheio de dívidas advindas de outras reencarnações, para serem sanadas no plano físico, dentro do processo de reencarnação como todos os outros espíritos, não sabendo absolutamente nada, pois, antes de reencarnar, sua mente espiritual passa por um processo de decantação.[5]

A decantação é um mistério do Orixá Nanã, que purifica os seres para que possam recomeçar seu processo evolutivo. Nanã Buruquê, sincretizada a Sant'Ana, também chamada de mãe ou avó de Jesus Cristo, é o Orixá presente desde a criação da humanidade, responsável pelos portais de entrada (reencarnação) e saída (desencarne).

O projeto do terreiro que faço parte no plano físico teve início na década de 1980 com minha reencarnação no plano físico.

Posso dizer que tive uma infância conturbada no âmbito familiar e espiritual desde o nascimento, do qual quase desencarnei em um parto um tanto complicado.

A questão familiar foi um processo de aprendizado em minha vida, não havia nenhum familiar amparado em qualquer religião, alguns eram católicos não praticantes, minhas avó e tia paternas eram as únicas que ocasionalmente frequentavam a missa, aos domingos de manhã.

Porém, a questão familiar não vem ao caso neste momento, mas a parte espiritual é primordial para a compreensão de muitos

---
5. **Decantação:** Ato ou efeito de decantar, filtragem e purificação.

fatos e histórias que serão narrados no decorrer deste livro. Para o entendimento do leitor, toda situação espiritual vivenciada desde meu nascimento já tinha ligação com o futuro do sacerdócio dentro do terreiro que seria fundado.

Após a formação da cúpula de criação do terreiro no plano espiritual, com a estruturação do "Projeto Terreiro" e com a outorga das esferas superiores, o sacerdote do terreiro vem ao plano físico através do processo de reencarne.

Assim, a semente do projeto terreiro é plantada na terra com todo o suporte da cúpula espiritual e o apoio de todas as linhas de trabalho para a concretização e manutenção desse projeto.

Dia após dia, muitos fatos agradáveis ou não acontecem durante nossa vida terrena, muitas vezes sem entendermos as razões, sem termos a consciência dos porquês desses acontecimentos, e acabamos entrando em conflitos extremamente perturbadores.

A verdade é que, durante o processo reencarnatório, passamos por um procedimento de decantação. E por imposição das Leis Divinas não lembramos nosso passado, para que com isso tenhamos a oportunidade de um recomeço evolutivo praticamente do zero.

Com o decorrer dos anos, mediante os esforços morais e intelectuais do espírito reencarnado, este vai passando pelo amadurecimento e, aos poucos, sendo preparado pela espiritualidade para desvendar o que lhe parecia uma incógnita. Somente a partir desse processo todo sentimento de insegurança, sensação de estar perdido, os conflitos existenciais começam a ter coerência e tudo o que estava aparentemente desorganizado retoma seu verdadeiro lugar, harmonizando as estruturas psiconeurológicas da matéria e do espírito ao ser reencarnante.

Vale ressaltar neste trecho que todos os seres encarnados são dotados de algum tipo de mediunidade, todos têm condições do sacerdócio em suas vidas por natureza, basta apenas o interesse e o agô espiritual de seu mentor, podendo haver o aprimoramento material através de cursos e do rito de passagem de mão para mão, de sacerdote para sacerdote em nível horizontal, e outras vezes isso ocorre de forma vertical, quando a espiritualidade lhe dá o agô, ou seja, a função sacerdotal dentro de uma comunidade, assim como aconteceu comigo. Mesmo assim, aproveitava a oportunidade dos estudos e da formação horizontal aprimorando minhas faculdades materiais e espirituais.

Os Anjos não Dormem

Minha mediunidade aflorou muito cedo e as primeiras manifestações mediúnicas aconteceram quando eu ainda era criança.

Não sabia disso, mas essas manifestações decorreram de uma sensibilidade mediúnica que chamamos de desdobramento astral e/ou projeção astral, o qual meus pais identificavam como pesadelos ou sonhos reais.

O desdobramento astral é a capacidade que todo ser humano tem de projetar sua consciência para fora do corpo físico durante o sono.

Dentro desse estado de consciência espiritual fora do corpo material, eu era constantemente atormentado, todas as noites, por um espírito obsessor que assombrava e causava muito medo.

Tinha a impressão de levantar da cama, contra minha vontade e era conduzido por uma energia negativa até a rua em frente à minha casa. Logo que eu chegava à rua, formada por um morro de paralelepípedos, via uma menina adolescente deslocando-se em minha direção. Ela usava um vestido branco, sua fisionomia era aterrorizante.

No momento da observação, era tomado por uma espécie de catalepsia projetiva, ou seja, meu corpo não se movia, ficava totalmente paralisado, uma sensação horrível.

Tomado pela paralisia, presenciava aterrorizado a aproximação daquela menina, que, ao chegar bem perto, me possuía em seus braços com uma força sobrenatural, logo em seguida começava a fazer cócegas em minhas costelas, sem parar. A princípio parecia engraçado, mas não era!

Perdia o fôlego com aquela tortura, naquele momento acordava com uma crise de choro, despertando meus pais.

Essa situação era constante, meus pais não sabiam mais como lidar, foi quando eles pensaram em me levar a uma renomada benzedeira que morava em um bairro vizinho, conhecida como dona Joana (*in memoriam*).

Dona Joana era uma senhora de idade avançada, morava sozinha em uma humilde casa e era católica fervorosa. Em sua residência havia um quintal com muitas ervas e algumas galinhas que ficavam constantemente ciscando. Na sala da casa havia um velho sofá e as paredes eram repletas de quadros de santos que coincidentemente eram sincréticos na religião de Umbanda, ou seja, que possuíam as qualidades dos Orixás, tais como: São Jorge (Ogum), São Sebastião (Oxóssi), Nossa Senhora da Conceição (Oxum), Santa Barbara (Iansã) entre outros.

Para benzer, dona Joana usava um terço de sementes, semelhante aos utilizados pelos Pretos-Velhos no ritual de Umbanda.

Outro aspecto interessante é que dona Joana tinha uma espécie de estigma, bem no centro da testa, como se fosse um terceiro olho, que também lembrava uma santa católica conhecida como Santa Rita, a santa das causas impossíveis e advogada dos aflitos. Bom, naquela fase eu estava extremamente aflito, "risos".

Esse ferimento, que lembra muito um estigma, causado por uma pedrada que partiu de um estilingue de um jovem conhecido como "Paulo Louco", já era antigo e o estigma nunca foi curado, era um mistério para muitos.

Minha mãe levou-me à dona Joana para benzer, observei que a benzedeira estava com um terço em suas mãos e, com a ajuda dele, a senhora realizava o benzimento, sentada na sala; sem demora, com muita humildade deu início às orações.

Conforme dona Joana foi fazendo os sinais da cruz sobre o meu corpo, fui me tranquilizando e, à medida que a serenidade se fazia, ela rezava mais forte e bocejava sem parar, fato que se repetiu por diversas vezes.

No fim do benzimento, dona Joana olhou profundamente em meus olhos e disse:

– Pedro, você reza antes de dormir para o papai do céu?
– Sim, rezo a oração do *Pai-Nosso* que aprendi com minha mãe.
Dona Joana então orientou:
– A partir desta noite você também vai rezar para o Arcanjo Gabriel,[6] você tem o mesmo nome deste poderoso Arcanjo, ele irá te proteger, e pedirá que "te proteja e te livre de todos os males".

Confesso que saí mais confiante, estava com muita fé, acreditava que iria me livrar dos pesadelos e daquela menina que me assustava frequentemente.

Na mesma noite deitei na cama, ao meu lado estava minha mãe que acariciava minhas costas cantando cantigas de ninar.

Rezei com muita fé para o Arcanjo Gabriel, como a benzedeira dona Joana havia orientado, e logo caí no sono.

Aquela noite não foi diferente das anteriores. Na madrugada despertei novamente no astral, naquele mundo paralelo, dirigi-me sentido à rua de casa e toda a história se repetiu. Entrei novamente em catalepsia projetiva, fiquei totalmente paralisado observando aquela menina aterrorizante vindo em minha direção. Chorei muito no astral e novamente abalei minha fé, já que a oração para o arcanjo não havia funcionado.

A menina tomou-me em seus braços e, gargalhando incansavelmente, começou a fazer cócegas em minhas costelas. Sentindo-me exausto com aquela situação, juntei forças e consegui reagir, levantei minhas mãos para o céu, elevei meu pensamento conseguindo pedir ajuda que tanto necessitava.

Naquele momento de aflição, nem me lembrei do nome daquele anjo, apenas pedi por socorro em pensamento. De repente algo inusitado aconteceu: uma luz extremamente forte se abriu no céu e, ofuscadamente, contemplei um ser no formato de um anjo. Tive a sensação de um calor interno, uma luz caiu sobre nós e a menina desapareceu.

Após o fato, no meio da noite, acordei aliviado com uma sensação de liberdade, conseguindo adormecer profundamente.

---

6. **Arcanjo Gabriel:** Anjo conhecido como mensageiro ou homem forte de Deus.

No dia seguinte minha mãe retornou à benzedeira, então contei o que havia acontecido naquela noite. Dona Joana sorriu, expressando alívio em sua fisionomia com minha história, e disse:

– Pronto! Você está livre daquela menina que te fazia sofrer todas as noites; o Arcanjo Gabriel te ajudou e ela nunca mais aparecerá.

Confesso que fiquei extremamente feliz, naquele momento, mas ainda havia um pouco de receio em meu íntimo.

Mas, aquela benzedeira estava certa, a menina nunca mais apareceu. Posteriormente, até sofri influência de outros espíritos em decorrência da imaturidade mediúnica, o que é normal, mas aquele obsessor que se manifestava daquela forma para me assustar e torturar nunca mais voltou a aparecer.

Na Umbanda, os Anjos da Guarda não são considerados entidades de trabalho e muito menos Orixás. São seres iluminados, pertencem às dimensões celestiais, e, sendo assim, a energia dos anjos atingem a todos, independentemente da crença.

Anjos são auxiliadores, têm como missão a guarda dos seres humanos, trabalham também no equilíbrio espiritual na vida de todos os encarnados, inclusive nas jornadas dos médiuns.

Não tenho dúvidas de que sempre estarei amparado pelos Orixás, pois nada mais são que divindades da criação e manifestam os sentidos da vida pelos mentores espirituais e pelos anjos da guarda para que a evolução seja alcançada.

O Início do Sacerdote

Abrirei este capítulo mencionando o número sete e o leitor entenderá.

Sem sombra de dúvida o número sete carrega seus mistérios. Pitágoras mesmo se referia ao número sete como um número sagrado por excelência entre os demais. Na Antiguidade, o número sete aparecia como uma manifestação da ordem e da organização cósmica, por exemplo: sete dias da semana, sete continentes e outras referências sagradas ao número sete.

Na religião de Umbanda, temos o Caboclo das Sete Encruzilhadas, que anunciou a religião no dia 15 de novembro de 1908. Entretanto, o início da religião deu-se no dia seguinte, dia 16, que na numerologia significa um mais seis, que é igual a sete (1+6=7). Temos ainda os sete caminhos, as sete encruzilhadas, as sete linhas de Umbanda, enfim.

O número sete está presente em quase todo o plano físico: "sete artes, sete mares navegáveis, sete seres elementais, sete livros sagrados, sete dias da criação", e até nas últimas palavras de Jesus Cristo na cruz: "PAI, EM TUAS MÃOS ENTREGO MEU ESPÍRITO", sete palavras.

Após os 7 anos de idade, iniciou-se minha vida mediúnica com a primeira visão além-túmulo, justamente de um espírito familiar, meu tio-avô materno, chamado carinhosamente pela família de "Augustinho".

O espírito Augustinho apareceu diversas vezes para mim no fim da década de 1980 e início da década de 1990. As aparições geraram medo e desconforto familiar. Eu ainda era criança quando relatava as aparições aos familiares que eram católicos não praticantes, mas a falta de entendimento, tanto da família quanto minha, transcorria em transtornos.

Meus pais não compreendiam o que estava acontecendo e chegaram a pensar em transtornos mentais, entre outros fatores. A partir de então, iniciou-se uma maratona em minha vida, já que minha família optou em fazer um "corre-corre" para tentar resolver o "problema".

Algumas vezes cheguei a "apanhar" de meu pai, parecia estar alcoolizado, cansado, não entendia o que estava havendo e chegando às "vias de fato"[7] comigo.

No entanto, nesse vaivém, passei por consultas médicas, novamente em benzedores, padres, pastores e em diversas religiões, por diferentes rodas de orações.

Nada surtia efeito para o tal "problema", parecia que nunca conseguiria qualquer resultado para a questão, pois retornava a mesma situação. Era como se tivesse caminhado por muito tempo sem sair do lugar.

Aos 11 anos de idade, mais precisamente no ano de 1991, comecei a frequentar a missa, efetivamente me tornando coroinha da paróquia do bairro, chamada de Paróquia Santa Terezinha, talvez na esperança de ali encontrar a solução que tanto almejava.

Um dia, em contato com o padre Renato, pároco da paróquia da qual eu fazia parte (*in memoriam*), encontrei a oportunidade em relatar os fatos estranhos que ocorriam comigo, mas foi em vão, pois o padre tentou por diversas vezes me convencer de que eu estava equivocado. Em várias conversas, ele insistia dizendo que os acontecimentos eram simplesmente frutos de minha imaginação.

O tempo ia passando em uma velocidade incrível e a mediunidade aflorando a cada dia. Todos que faziam parte do vínculo de minha convivência diária, inclusive o padre, não sabiam nem falavam sobre mediunidade naquela época, afinal nem imaginavam que o "problema" era mediúnico.

---

7. **Vias de fato:** É uma briga em si, o contato entre os corpos, sem lesão.

Apesar de o padre Renato não ter esclarecimento suficiente daquela causa, sempre queria me ajudar de alguma forma. Não o recrimino ou julgo, pelo contrário, ele auxiliou muito e levou-me para a casa paroquial no município de Tambaú/SP. O padre havia se mudado de minha cidade de São João da Boa Vista/SP para Tambaú/SP, com um novo cargo de monsenhor, para cuidar da beatificação do conhecido padre Donizete.

O monsenhor queria que eu permanecesse por uma semana na casa paroquial, assim confirmaria se haveria aptidão ou não para entrar no seminário. Segundo ele, havia sentido, através do Espírito Santo, que eu tinha a vocação sacerdotal para me tornar um padre e, por consequência, liderar uma igreja. De certa forma ele tinha razão, exceto que não era igreja, e sim um templo de Umbanda, "risos".

Confesso que fiquei encantado com o dia a dia dos três padres que habitavam aquela casa paroquial: tinham refeições fartas, faxineiras, lavadeiras e cozinheiras à disposição, uma grande estante com vinhos e licores dos melhores, carro e roupas novas, tudo fornecido pela Igreja. Minha vida era muito humilde, quase me rendi a tudo aquilo. Porém, é como já disse, o padre acertou a vocação, mas o templo seria outro, algo em meu íntimo, por mais que eu quisesse, me dizia que meu lugar não era aquele.

Dois anos depois, em meados de 1993, meu pai estava trabalhando como polidor de piso em um centro espiritualista, no mesmo bairro em que residíamos.

Como nada aconteceu ao acaso, em um dia normal de trabalho, naquele centro espírita, na verdade um centro de Umbanda kardecista, meu pai relatou aos dirigentes os fatos que ocorriam comigo. Na ocasião, meu genitor foi orientado a levar-me a uma sessão naquela Casa de Oração. Meio relutante, meu pai hesitou, mas respondeu que me levaria, pois já havia tentado de tudo e o centro seria o último recurso.

A Umbanda de Cáritas

Em todos esses anos de jornada mediúnica não me canso de dizer que o plano espiritual é sábio. Por meio da função comercial de meu pai, me encaminharam para ser amparado de acordo com as necessidades daquele momento, para que meus primeiros passos dentro da religião fossem concretizados e, dessa maneira, meu desenvolvimento mediúnico viesse à tona no plano físico.

É necessário esclarecer que na Umbanda temos várias vertentes. Assim como em outras religiões existem suas ramificações, na Umbanda não é diferente; temos várias Umbandas dentro da própria Umbanda. Por exemplo:

→ Umbanda Sagrada;
→ Umbanda Branca;
→ Umbanda Kardecista;
→ Umbanda Esotérica e Iniciática;
→ Umbanda Omolocô;
→ Umbanda Popular;
→ Umbanda Guaracyana;
→ Umbanda Aumpram;
→ Umbanda de Síntese;
→ Umbanda Eclética Maior;
→ Umbandomblé.

Entre tantas outras, lembrando que Umbanda é Umbanda, e, independente da vertente, é uma religião que somente pratica o bem e o caminho é um só: a evolução por intermédio da caridade e do amor ao próximo.

Em um primeiro momento, o plano espiritual me direcionou à vertente de Umbanda Branca, também conhecida como Alabanda, linha Branca de Umbanda, Umbanda de Cáritas ou Umbanda Kardecista, e ali seria o início de minha primeira etapa na religião.

A Umbanda foi fundada pelo Caboclo das Sete Encruzilhadas, por intermédio do médium Zélio Fernandino de Moraes, no Rio de Janeiro, aos 17 anos de idade. A primeira tenda de Umbanda foi chamada de Tenda Espírita Nossa Senhora da Piedade.

Na primeira casa em que fui encaminhado, havia uma liturgia bem próxima da Tenda Nossa Senhora da Piedade, porém com estudos voltados totalmente ao kardecismo, uma Umbanda mista.

Os trabalhos eram realizados principalmente pela chamada Trindade da Direita, ou seja, por Caboclos, Pretos-Velhos e Erês (crianças). As demais giras eram desconsideradas e os trabalhos com Exus eram realizados apenas nos casos de extrema necessidade e fechados ao público.

Os médiuns usavam roupas brancas, guias, imagens, fumo, defumadores, velas, pontos riscados nos trabalhos, mas os atabaques e os pontos cantados não eram utilizados naquele centro em que fui encaminhado.

A pergunta que não quer calar:

– Por que o médium que no futuro seria um sacerdote, fundador de um terreiro, teria sido direcionado pela espiritualidade a iniciar seus passos na religião de Umbanda, em um terreiro de Umbanda Branca de Cáritas?

A resposta é simples: justamente para que pudesse aprender sobre mediunidade. A necessidade naquela fase era exatamente esta. No início da década de 1990, ainda não existia muito material sobre Umbanda, e o que havia, não era muito divulgado no interior do Estado.

Essa vertente usa como base de seus estudos os livros da base kardecista, tais como: *O Livro dos Espíritos*, *O Livro dos Médiuns*, *O Gênesis*, *O Céu e o Inferno* e o *Evangelho Segundo o Espiritismo*.

Eu precisava entender que fatos estranhos eram aqueles que ocorriam em meu cotidiano, sendo considerados, naquele tempo, por mim e por minha família, como um "problema" a ser solucionado, nada mais além disso.

Por intermédio dos estudos e da prática mediúnica, com base doutrinária em um terreiro de Umbanda de Cáritas, passei a entender aqueles fenômenos, ou seja, nada mais que a mediunidade aflorando rapidamente com necessidade de ser lapidada, por meio dos estudos e da vivência mediúnica.

Assim construí bases sólidas na religião que, posteriormente, ajudou-me a entender com muito mais facilidade as questões mediúnicas que até então ninguém havia me orientado. Além disso, me trouxe o alívio para minha "doença xamânica", também conhecida como doença da mediunidade, uma espécie de transtorno mental ou perturbação emocional que eu sofria na época, que se tratava da mediunidade ainda não desenvolvida. Livrei-me, ainda, de algumas enfermidades materiais que apareciam e sumiam inexplicavelmente.

Meu Primeiro Contato com Exu

Após algumas sessões no centro de Umbanda de Cáritas, onde era levado por meu pai, havia sentido um alívio, um bem-estar que há muito tempo não experimentava. Foi quando me apaixonei profundamente pela religião.

Estava passando por sessões desobsessoras, e, em uma bela noite, em mais uma sessão, o Caboclo da Mata Virgem, dirigente espiritual daquele terreiro, informou ao meu pai que o caso de desobsessão era complicado, porque eram obsessores com sede de vingança de outras encarnações que atormentavam, e haveria a necessidade de realizar um trabalho com energias mais densas, para o encaminhamento daqueles obsessores.

Meu pai e toda família concordaram para que tal trabalho fosse realizado, mas é obvio que fiquei apreensivo, pois não entendia o que estava ocorrendo naquele momento.

Ainda na assistência do terreiro, observava o início dos trabalhos, o medo e a insegurança tomaram conta de mim. Naquele instante conseguia ver vários espíritos dentro do centro, alguns com vestimentas plasmáticas na cor preta, outros totalmente de branco, todos apresentavam ter muita luz, tinham a função de amparar os trabalhos da noite. Havia, ainda, diversos Pretos-Velhos e Índios, que geralmente permaneciam mais próximos no interior do terreiro.

Um senhor, o mesmo que incorporava o Caboclo da Mata Virgem, dirigiu-se à frente do altar, junto a um cambone que o amparava.

Em seguida ocorreu uma incorporação, ele aparentava ter entre 60 e 70 anos, locomovia-se agachado de maneira muito estranha e com dificuldade, era inacreditável ver um senhor de idade avançada conseguir andar daquela forma, parecia um treinamento militar.

A entidade espiritual se apresentou como Senhor Tatá Caveira, em seguida pediu ao cambone um pedaço de carvão virgem e desenhou um ponto riscado no chão do terreiro, pediu para o cambone chamar "o menino" que sofria com as obsessões, no caso era eu, "risos".

Chegando ao terreiro de frente ao Exu Guardião, ele disse:

– É chegada sua hora, meu amigo, é chegada a hora de te livrar disso e sua trilha na Terra vai começar sem essas travas do astral inferior.

Naquele momento não compreendi muito bem o que estava por vir, mas, em um piscar de olhos, o Guardião colocou a mão em minha cabeça e acabei por entrar em transe mediúnico, perdendo totalmente a consciência durante a incorporação.

Depois de passar mais de uma hora incorporado, acordei em uma sala, deitado em uma maca, com uma luz suave e esverdeada. Aquele terreiro de Umbanda fazia trabalhos de cura em dias específicos e possuía em seu interior várias salas com macas para esse tipo de atendimento. Lentamente, abri os olhos e alguns cambones estavam ao meu lado para me explicar o que havia ocorrido naquele trabalho.

Surpreso, ouvi daquelas pessoas tão bondosas que, por merecimento e necessidade, estava livre daqueles espíritos que me atormentavam e que, em breve, o Guardião voltaria a conversar comigo, mas havia deixado um recadinho para mim. Disse que todos os "transtornos" que passei no decorrer da vida terrena tomariam rumos importantes e tudo se encaixaria. Além disso, pediu para iniciar o mais rápido possível os estudos de desenvolvimento, já na semana posterior.

Após os trabalhos fui para casa e, depois de muitas horas, consegui dormir com tranquilidade.

No dia seguinte, acordei com alegria, satisfação e disposição para iniciar uma nova fase de vida. No mesmo instante, pedi para minha mãe comprar roupas brancas, pois queria muito começar a frequentar aquele terreiro que me livrou das visões e das obsessões horríveis que estava vivenciando.

Minha mãe ficou muito feliz com minha decisão, saiu para comprar meus trajes brancos para que pudesse iniciar minha jornada na religião de Umbanda.

Meu coração fervilhava de felicidade, pois havia descoberto que tudo aquilo não era de fato um problema e sim uma obsessão e sintomas mediúnicos. Por meio dos estudos, ampliando o desenvolvimento da mediunidade e da prática mediúnica, iria aprender a enfrentar meus dons, livrando-me das obsessões e, logo poderia respirar totalmente aliviado, pois, com o atendimento, ajudaria outras pessoas, podendo socorrer àqueles que, porventura, tivessem um caso parecido. Essa nova jornada deu-se início e uma paz interior direcionou-me à evolução espiritual.

A Farda Branca

Já com minhas vestimentas adquiridas e ocupando lugar de destaque em meu guarda-roupa, esperava ansioso para a anunciação de minha entrada para a corrente mediúnica daquele terreiro.

No terreiro de Umbanda de Cáritas, local em que comecei a frequentar rigorosamente, os novos médiuns passavam por um curso teórico de iniciação, e durante a trajetória do curso, o mentor espiritual do terreiro era quem determinava o tempo necessário. Posteriormente ele outorgava para que o novo médium viesse a fazer parte da corrente mediúnica.

Geralmente esse processo demorava em média 12 semanas e com apenas seis semanas, ou seja, metade do tempo previsto, o mentor espiritual do terreiro anunciou minha entrada para a corrente mediúnica, e com isso dei início ao meu desenvolvimento.

Vale ressaltar que no começo da década de 1990, quando estreei no terreiro tratado neste capítulo, não havia muito material para estudo, por isso o processo de iniciação, comparado com a atualidade, era curto e quase inexistente. Muitos sacerdotes da época costumavam dizer que as entidades vinham, eram sábias e faziam tudo; sendo assim, o médium não precisaria se preocupar com estudos.

Naquela ocasião, estava muito feliz e satisfeito com a situação, passei a me vestir com as roupas brancas, que tinha o costume de chamar de farda, e deslocava-me em caminhada para o terreiro que era próximo à minha casa.

Com o tempo, passei a observar que quando saía para ir ao terreiro, durante o trajeto sentia os mentores espirituais se aproximando para a gira daquela noite.

Quando chegava ao terreiro, eu seguia as orientações e a liturgia com carinho e apreço, participava normalmente do ritual de abertura dos trabalhos, muito ansioso, sensível às vibrações do terreiro, e, logo, os mentores espirituais se manifestavam por meio dos dirigentes do trabalho.

Em uma das noites, durante os trabalhos, percebi que eram índios (gira de Caboclos). O terreiro estava lotado, não havia assistentes naquela noite, pois era um dia da semana específico para o desenvolvimento mediúnico. Em um determinado momento da gira, um Caboclo se apresentou.

Ele informou que seu nome era Caboclo Tabapuã e me pediu que eu fosse até o centro do terreiro, onde havia uma grande cruz branca pintada no chão.

Chegando ao centro daquela cruz branca, o Caboclo pegou uma pemba[8] e desenhou em meu corpo, especificamente em meus chacras, fazendo desenhos como pontos riscados[9] em meu corpo físico e no corpo espiritual. O Caboclo Tabapuã pediu a todos os participantes que tivessem calma e muita concentração, pois iria iniciar minha jornada mediúnica, onde se manifestou, naquele exato momento, um Caboclo.

Experimentei uma sensação incrível, nitidamente meu estado de consciência se alterou entre momentos de consciência e inconsciência, se alternavam no transe mediúnico.

Depois de um determinado tempo, saí do transe mediúnico com o auxílio do Caboclo Tabapuã, que informou que quando meu desenvolvimento se estendesse, minha mediunidade seria aperfeiçoada, e eu me tornaria um grande trabalhador da Seara Divina na Terra. E, se fosse de meu livre-arbítrio, logo iria auxiliar e orientar muitas pessoas em busca de assistência espiritual.

---

8. **Pemba:** Giz em forma esférica, usado ritualisticamente em cultos de Umbanda pelo guia incorporado ou não, para riscar seus símbolos mágicos, seu pó também pode ser utilizado em magias divinas.

9. **Pontos riscados:** São desenhos feitos pelas entidades incorporadas em seus médiuns e possuem função mágica, podendo ter diversos significados, símbolos mágicos, mandalas.

Sinceramente, eu estava em estado de êxtase por ser a primeira incorporação de forma regrada e correta, e fui embora para o meu lar mais aliviado e feliz.

Naquele terreiro, havia uma organização para a separação dos médiuns que trabalhavam com incorporações. Separavam-se os médiuns em desenvolvimento que ainda não eram "passistas", com a denominação de "médiuns novos", e também auxiliavam como cambones, e os "médiuns velhos" que eram "passistas" e outorgados pelos mentores espirituais. Esses médiuns já estavam em níveis de desenvolvimento mais adiantados e por isso trabalhavam como médiuns passistas e orientadores juntamente com seus mentores espirituais.

Aprendi que cada médium tem seu tempo para o desenvolvimento, não há uma regra definida, essa variação ocorre de médium para médium. Uns passavam para "velho" mais rápido e outros nem tanto, quem cuidava dessa transição eram os Caboclos dirigentes do terreiro.

Na quarta semana de trabalhos no terreiro fui chamado novamente, dessa vez por outro Caboclo, o Caboclo da Mata Virgem, que dirigia os trabalhos na ausência do Caboclo Tabapuã.

O Caboclo disse que, apesar da pouca idade, tinha um contato espiritual acentuado e estava em condições de me tornar "velho", sendo que daquele dia em diante, juntamente com meus mentores espirituais, já aplicaria passes e consultas no terreiro, nas linhas de caboclos e Pretos-Velhos.

Fiquei surpreso e ansioso com a notícia, e, embora tivesse ficado um pouco assustado com tal responsabilidade, me sentia confiante. Claro que obedeci às orientações que recebi do mentor espiritual e segui em frente.

Algumas semanas depois, começaram no terreiro alguns burburinhos por outros irmãos da corrente mediúnica, os famosos "mimimis"[10] em relação à minha passagem para médium "velho", diante de minha pouca idade material.

---

10. **Mimimi**: É uma expressão usada na comunicação informal para descrever ou imitar uma pessoa que reclama. O mimimi tem uma conotação pejorativa, sendo muitas vezes utilizado para satirizar alguém que passa a vida reclamando.

Alguns médiuns não aceitavam a ideia de que um jovem de apenas 12 anos de idade, com mediunidade aflorada, se tornasse médium "velho" em tão pouco tempo, passando à frente de outros que estavam no terreiro havia vários anos.

Confesso que me senti deslocado; contudo, em uma das noites de trabalho de desenvolvimento mediúnico do terreiro, me aproximei do dirigente espiritual que havia conversado comigo, e, em um ato impensado, informei que iria abandonar o terreiro, pois não estava me sentindo à vontade pelas críticas tecidas por alguns irmãos da corrente, ocasionando-me desconforto.

O Caboclo, muito atento, me ouviu e disse:

– Filho, vós tendes o livre-arbítrio, pode escolher entre parar por aqui ou ficar e seguir sua jornada espiritual!

– Sim, aquele Caboclo disse Jornada, ou pode considerar como missão!

– O filho ainda não tem consciência disso, mas veio à Terra para dirigir um terreiro que já está pronto no mundo espiritual, e em um futuro breve será fundado e vós sereis peça chave, meu filho.

Nem preciso dizer que fiquei de queixo caído, não é mesmo? Então questionei o Caboclo:

– Pai, como pode caber essa missão a mim? Essa casa que o senhor fala é esta aqui? Amo esta casa e pretendo continuar aqui por toda a minha vida!

Caboclo, incorporado em seu médium, olhou bem em meus olhos e disse:

– O filho ainda é jovem, tem muitos caminhos para trilhar em prol de seu próprio aprendizado e aprimoramento. Caboclo sabe do passado, presente e futuro, mas Caboclo não pode atrapalhar o caminho natural das coisas da vida, revelando tudo para o filho. O filho neste momento precisa saber apenas que veio para este mundo com um propósito e cabe escolher agora o caminho a percorrer. Assim como precisará tomar decisões semelhantes várias vezes em sua trajetória carnal, já que os obstáculos e dificuldades durante a caminhada serão grandes.

– Filho, os encarnados neste mundo, inclusive você, são espíritos que ainda necessitam de aprimoramento. São espíritos que perante

Olorum cometem erros infantis, e que suas sombras ainda os superam e acabam colocando para fora o orgulho, a vaidade, o ego, entre tantas outras imperfeições íntimas. Fique em paz, meu filho, e siga sua trajetória utilizando seu livre-arbítrio com decisões sábias, pois logo terás notícias sobre sua trajetória que irão lhe surpreender. Este caboclo não pode interferir em seu livre-arbítrio, mas sim orientar sobre os melhores caminhos a ser trilhados.

Naquele momento, uma sensação espiritual de bem-estar tomou conta de mim, meus olhos banharam-se em lágrimas com aquele anúncio do plano espiritual transmitido pelo Caboclo.

A Importância do Livre-Arbítrio

Alguns anos se passaram, e mediante as escolhas segui em frente, firme em minha jornada, os irmãos do terreiro passaram a aceitar e respeitar-me como irmão e amigo da corrente.

Na época eu tinha uma vida complicada, com muitos problemas familiares. Antes de reencarnar, determinei algumas situações, principalmente porque, na verdade, eram para o próprio aprimoramento evolutivo.

É óbvio que não me lembrava das escolhas feitas, assim como qualquer encarnado não se recorda de suas transições reencarnatórias nessa fase evolutiva em que se encontra no Planeta Terra.

Utilizei o recurso da "hipnose regressiva" em determinado momento de minha vida, para ter acesso a algumas memórias do passado e poder descrever algumas passagens neste livro.

Transitava pelo caminho espiritual e material, e ainda passo por uma vida com muitas dificuldades materiais, tanto em nível econômico quanto na saúde e outras situações que não convém relatar. Diante daquilo, por várias vezes questionava ao alto por minha vida tão conflituosa, clamava por auxílio da espiritualidade, levando em conta que atendia e socorria muitas pessoas.

Em minha concepção havia criado uma espécie de simbologia de troca, ou seja, ajudava as pessoas, em troca queria receber o alívio das esferas superiores em minha vida carnal, acreditava que nada seria mais justo.

Esse tipo de questionamento egoísta é natural no ser humano por causa das imperfeições que o espírito carrega durante muitas reencarnações.

Além das inúmeras dificuldades pelas quais passava, foram vários os testes impostos pelo próprio plano espiritual, como forma de trazer conhecimento e ascensão espiritual, para que no futuro fosse estabelecida uma base forte, bem estruturada como dirigente do terreiro que iria ser fundado no plano físico.

Vale ressaltar que não reconheço tudo isso como provas e expiações, muito menos como castigo, pois minha crença dentro da Umbanda é diferente da crença de um espírita. Acredito que o plano espiritual mostrou caminhos duros dentro de minha escolha em suportá-los e vencê-los. Fui ganhando experiência para que, posteriormente, essa base fosse aplicada dentro de uma missão sacerdotal perante minha comunidade. Continuar sempre e jamais desistir.

Em se tratando do livre-arbítrio, relembrei uma passagem que aconteceu diante de minha imaturidade mediúnica. Pensei novamente em abandonar minha jornada, porém optei em continuar a buscar conhecimentos para entender melhor as situações dentro da espiritualidade, e confesso que isso me deixou assustado. O fato foi mais ou menos assim:

Aos domingos pela manhã, no terreiro que eu estava frequentando, os trabalhos eram destinados às crianças da comunidade, geralmente não havia muitos médiuns passistas para auxiliar. Mas naquele domingo foi um dia muito especial, havia muitos médiuns, o que não era convencional. E, como era de praxe, o dirigente do terreiro deu início aos trabalhos normalmente e as crianças presentes começaram a receber seus passes na linha dos Pretos-Velhos.

Em determinado momento do trabalho, um homem de aproximadamente 40 anos bateu no portão do terreiro implorando por socorro, e os cambones, autorizados pelo mentor espiritual que dirigia os trabalhos, abriram o portão, acolheram-no conduzindo-o à presença do dirigente.

Aquele homem pedia auxílio para sua esposa que estava possuída por um espírito maligno. O mentor espiritual, que dirigia os trabalhos, surpreendentemente falou para um cambone que tudo estava programado pelo plano espiritual, inclusive para socorrer aquela mulher e que não seria um trabalho fácil.

Faltava apenas uma criança para receber o passe. Ao término daquela etapa, todas as crianças foram para seus lares a pedido daquele mentor.

O dirigente, que estava incorporado com o espírito de um Preto-Velho chamado Pai Jeremias, autorizou a entrada daquela mulher no terreiro, que estava sendo conduzida por alguns familiares. De fato, a mulher apresentava-se totalmente alterada e estava realmente incorporada por um espírito que precisava muito de auxílio.

O Preto-Velho avisou que iria subir para Aruanda,[11] deixando os trabalhos, e que um Exu Guardião viria para coordenar aquele trabalho de desobsessão. Isso porque o espírito que ali estava tinha uma frequência muito baixa, e o Preto-Velho, por questões de frequência vibracional, achou melhor a participação de uma falange de Exus naquele trabalho.

O Preto-Velho partiu, logo em seguida manifestou um Exu Guardião, o senhor Tatá Caveira, era a segunda vez que presenciava a incorporação no mesmo médium, o dirigente do terreiro.

Depois de algum tempo, fiquei feliz em rever o Exu Guardião, afinal aquele espírito era um grande amigo, já que havia me livrado de uma obsessão terrível tempos atrás. Eu me sentia confiante e sabia que aquela mulher receberia o atendimento necessário, pois confiava muito no Guardião e, assim como fui socorrido, ela também seria.

O Preto-Velho havia adiantado que os trabalhos com aquela mulher não seriam fáceis nem rápidos. Era a primeira experiência com Exus, de forma mais densa, que eu estava prestes a presenciar dentro de um trabalho de desobsessão.

Diante daquele episódio tão diferente, e certo de que jamais havia presenciado tal situação, entendi de imediato o porquê de naquele domingo haver mais médiuns que nos habituais. O plano espiritual já havia preparado o terreiro e os cambones necessários para auxiliar o espírito obsessor e aquela mulher que precisava de ajuda.

---

11. **Aruanda:** Na Umbanda, Aruanda (originalmente, o porto principal de Angola) é um lugar utópico — O paraíso da liberdade perdida, uma cidadela que orbitaria a ionosfera do planeta Terra, em uma dimensão espiritual de transição.

Nunca havia presenciado nada igual, o espírito obsessor era de fato malévolo e precisava de muito auxílio da espiritualidade.

Durante os trabalhos de desobsessão, a pobre mulher incorporada pelo espírito endurecido e trevoso machucou bruscamente muitos médiuns. O dirigente do terreiro também não ficou de fora, foi o mais prejudicado, seus cabelos foram arrancados, alguns dentes foram quebrados, aquele obsessor chegou também a regurgitar um plasma em todos os médiuns que ali trabalhavam. Foi um trabalho incomum, muito denso, trabalho que levou mais de duas horas até que tudo se restabelecesse.

Em mais de vinte anos de jornada e com centenas de trabalhos de desobsessão, jamais vivenciei circunstância como aquela. Foi o primeiro e último trabalho em que participei daquele nível.

Sem medo de errar, esse caso pode ser comparado ao famoso filme *O Exorcismo de Emily Rose* dos roteiristas Paul Harris Boardman e Scott Derrickson, baseado em fatos reais.

O exorcismo em nada se parece com os trabalhos de Umbanda e muito menos faz parte de sua liturgia. Sabemos que esses espíritos também não são "demônios", são de fato espíritos que precisam de auxílio e esclarecimentos para que possam mudar de frequência em busca de evolução.

A comparação foi feita em relação à mulher obsedada e de como o obsessor se comportava diante daquele trabalho, nada além disso, somente para ilustrar melhor.

Depois de muito trabalho, aquele espírito foi direcionado para seu devido lugar, pelos Exus Guardiões, sob a coordenação espiritual do senhor Tatá Caveira.

Entrei em transe, trabalhei com Exu da mesma falange do senhor Tatá Caveira, o senhor Sete Caveiras. Alguns médiuns que participaram daquele trabalho de desobsessão, ao voltarem do transe mediúnico, observaram que na altura de seu tórax havia muito plasma preso na bata branca que usavam, era uma espécie de vômito de cor clara.

Reconheço que me assustei um pouco com aquele trabalho incomum, e minha fé ficou abalada diante da manifestação daquele espírito com o grau evolutivo tão baixo, que mais parecia um espírito trevoso.

Eu era muito jovem e necessitava de muito conhecimento e amadurecimento através de estudos e vivências mediúnicas. Foi justamente por isso que a hierarquia espiritual muito sábia permitiu minha participação naquele trabalho, para aprimoramento e, futuramente, servir de base em minha vida futura, pois não imaginava a responsabilidade que me aguardava.

Esse caso foi o estopim para que eu começasse, através da curiosidade, os estudos com minhas próprias pernas, ou seja, sem depender dos ensinamentos que o terreiro aplicava, que eram apenas o básico, e ainda dentro de uma doutrina que não era realmente meu campo de atuação.

Estou longe de condenar ou criticar qualquer religião, pelo contrário, foi justamente isso que me atraiu na Umbanda, foi uma das únicas religiões que frequentei e jamais ouvi algum dirigente ou irmão de corrente falar mal de outro segmento religioso.

Tudo deve ser encarado como aprendizado, de acordo com a necessidade evolutiva em nossa vida. Diante de tudo, me recuso a acreditar no acaso. Então digo a seguinte frase: "nada é por acaso, porém nada acontece sem nossa livre escolha".

Os estudos do terreiro eram bons, porém encaixados dentro da vertente de Umbanda que eu ainda acreditava que não era meu "caminho". Não que fosse ruim, pelo contrário, consegui uma base incrível estudando as obras de Allan Kardec, principalmente em relação à mediunidade.

Os dirigentes não gostavam que os irmãos do terreiro aprofundassem seus conhecimentos fora dessa base.

Mas, diante daquele trabalho de que participei, percebi a necessidade de estudos mais aprofundados para o crescimento na religião, em meu íntimo havia uma lacuna que precisava ser preenchida, e uma certeza interior me conduzia a voos mais altos na área do conhecimento espiritual. Era uma tentativa de sanar minhas dúvidas e de muitos outros irmãos do terreiro, que almejavam obter conhecimentos mais profundos, mas ficavam presos dentro do contexto adotado pelo sacerdote, que acreditava que o médium não precisava estudar, pois as entidades espirituais sabiam e faziam tudo.

Mesmo com toda a sede de conhecimento que havia dentro de mim, sentia receio em buscar por conhecimentos externos, afinal estava engajado dentro de uma liturgia pela qual me apaixonei, amava aquele terreiro, era um espaço sagrado que havia dado as orientações e esclarecimentos sobre minha mediunidade que precisava ser lapidada.

Em particular, pedi aos mentores espirituais que me concedessem uma luz, indicassem um caminho, e, se eu realmente pudesse me aprofundar na religião de Umbanda, que dessem um sinal ou me conduzissem para o caminho.

Naquele terreiro, pouco se falava em Orixás, no altar havia uma única imagem de Jesus Cristo, eu ouvia dos mais velhos do terreiro que Jesus Cristo tinha as qualidades do Orixá Oxalá e que a imagem era uma maneira de estimular nossa fé.

Então, diante da afirmativa, fiz meus pedidos ao Pai Oxalá para que me guiasse naquela jornada, que as dúvidas fossem sanadas de forma mais intensa e que minha fé fosse renovada.

Os Primeiros Livros de Umbanda

O terreiro onde minha vida mediúnica se iniciou era uma filial de um terreiro maior e mais antigo de outra cidade, do interior do Estado de São Paulo. Mesmo sendo uma filial, era o maior e mais antigo terreiro da cidade onde eu residia, aquela casa cativava o respeito de muitos filhos de fé.

Nas décadas de 1980 e 1990, não havia muitas opções de terreiros na cidade, pouco se falava na Umbanda, era um dos únicos e mais acessíveis na época. Confesso que fiquei um pouco perdido em minha busca por conhecimento externo, sobre o que e como estudar para me aprofundar na religião de Umbanda e suas vertentes.

Naquelas décadas, o acesso à internet ainda era muito precário, estava evoluindo em passos bem lentos, poucas eram as pessoas que tinham um computador e ainda mais com rede de internet, uma realidade bem diferente da que vivenciamos hoje. Na maioria das vezes as pesquisas eram realizadas por meio dos clubes de livros, ou nas bibliotecas das casas de orações, mas as obras eram todas espíritas, não havia indicações para livros sobre Umbanda, e era o que eu mais queria e desejava me aprofundar.

Gostaria de saber mais sobre outras linhas de trabalho, os Exus, os Orixás, e meu grande amigo Guardião Senhor Tatá Caveira.

Os livros eram caros, o que eu ganhava em meu primeiro emprego era para ajudar meus pais nas despesas da casa e comprar minhas coisas, no final pouco sobrava de meu pagamento. Levava uma vida bem simples, venho de uma família carente financeiramente; em decorrência disso, precisei enfrentar o mercado de trabalho ainda muito menino para auxiliar no sustento da casa.

Em uma bela noite, em uma gira de Pretos-Velhos, nos "bastidores" do terreiro, estava conversando com um irmão de corrente, mais velho de casa, e disse para ele meu desejo em me aprofundar nos estudos da religião. Sem receio, o irmão comentou que tinha dois livros antigos relacionados à Umbanda e os emprestaria, se eu tivesse interesse. Não hesitei, rapidamente disse que buscaria os livros na casa do irmão logo no dia seguinte.

Quando coloquei as mãos naquelas obras, senti o mundo crescer à minha volta, tive a sensação de uma forte energia sair daqueles livros, renovando minhas esperanças. Em poucas semanas fiz a leitura daqueles livros antigos: *No Mundo dos Espíritos* do autor Leal de Souza, lançado em 1925, e *O Espiritismo, a Magia e as Sete Linhas de Umbanda*, lançado em 1933, também do autor Leal de Souza.

Foi meu primeiro contato com livros que retratavam a religião de Umbanda. Após a leitura daquelas obras, percebi que ainda faltava algo, as informações literárias ainda não seriam suficientes para me preencher, eu não sabia explicar o que realmente procurava. Muitas dúvidas ainda rondavam meu espírito, mas uma voz interior dizia que no mundo do conhecimento da espiritualidade havia um universo a ser explorado e eu tinha a nítida convicção de que, com perseverança, logo conseguiria.

O Grande Jequitibá-Rosa

O terreiro, como dito anteriormente, era uma filial de um maior e mais antigo, o dirigente espiritual geral que coordenava os dois terreiros fazia parte do terreiro mais antigo, chamava-se senhor Roberto (*in memoriam*) e residia em outra cidade, mas visitava periodicamente o terreiro filial em minha cidade.

No terreiro onde iniciei minhas atividades mediúnicas não se usava o termo Sacerdote ou Pai de Santo pois sua vertente era kardecista, portanto estou utilizando nestes capítulos o termo dirigente espiritual, que era empregado naquele terreiro.

O senhor Roberto vinha para visitar e trabalhar em nosso terreiro em minha cidade, uma ou duas vezes por mês, e por fim isso deixou de acontecer, pois o dirigente adoeceu.

Diga-se de passagem, o senhor Roberto foi um dos maiores médiuns que já tive o privilégio de observar em minha trajetória, era praticamente completo em suas faculdades mediúnicas, tinha psicofonia, era audiente, vidente, sensitivo entre outras faculdades mediúnicas bem desenvolvidas e trabalhadas em mais de cinquenta anos de jornada.

Um belo dia o dirigente da filial, Pai Toninho (*in memoriam*), que trabalhava com o Caboclo da Mata Virgem e com o Exu Tatá Caveira, inesperadamente me convidou para ir até o outro município visitar o Pai Roberto, pois ele estava muito doente e prestes a desencarnar, só aguardava em seu lar o momento de sua partida.

Àquela altura, eu estava desempregado e tinha meu tempo livre, aceitei o convite na hora, algo me dizia que seria uma oportunidade ímpar. Repare, caro leitor, tudo vai se encaixando como se fossem peças de um quebra-cabeça, e a partir de então, tudo começou a fazer sentido.

A viagem para visitar o dirigente em fase terminal foi realizada por cinco pessoas em um carro popular, sendo que três tinham grau de chefia no terreiro, um deles o dirigente, mais dois direcionadores, um cambone e um jovem médium psicofônico (eu, Pedro).

Durante o percurso, Pai Toninho, que conduzia o veículo, disse aos demais caronas que gostaria de fazer uma parada nas proximidades da cidade de destino onde ficava um grande jequitibá-rosa[12] muito bonito e conhecido no Brasil, pois sentiu uma necessidade espiritual de fazer aquela parada. Todos concordaram.

Chegando ao magnífico jequitibá-rosa, ficamos impressionados com a visão que tivemos de uma grande árvore com uns 40 metros de altura e mais de 11 metros de diâmetro, confesso que nunca havia visto nada igual e fui pesquisar posteriormente sobre aquela árvore patriarca, é claro, "risos".

É interessante conhecer um pouco da história da vegetação que nos rodeia. O jequitibá é chamado de patriarca por ser a árvore brasileira mais antiga de que se tem registro na literatura. Brotou por volta do ano 1.000 a.C., na cidade de Santa Rita do Passa Quatro, interior do Estado de São Paulo, e ainda levaria 2500 anos até que as naus portuguesas aportassem no Brasil.

Eu senti a energia que irradiava daquela árvore, foi impressionante, pois ao longo de minha vida nunca havia percebido nada semelhante ao observar uma árvore em seu cotidiano.

O Pai Toninho propôs a todos nós médiuns unirmos nossas mãos e abraçarmos aquela maravilhosa árvore. Assim foi feito, com apenas cinco homens, mas nem chegou perto de completar a volta do Jequitibá. Sem dúvida seriam necessários uns dez homens ou mais para realizarmos o feito desejado.

A energia era vital, o que todos sentimos foi incrível, uma energia que emanava daquela árvore transmitiu a todos uma sensação agradável de vida e de força. Todo mal-estar, tristeza e inquietação que

---

12.**Jequitibá-rosa**: Considerada a árvore-símbolo do Estado de São Paulo, o jequitibá-rosa é o rei da Mata Atlântica, alcançando até 50 metros de altura.

antes dominava o coração de cada um ali presente, em decorrência da doença do irmão que seria visitado, foi embora em um passe de mágica e uma alegria salutar brotou em todos nós. Com toda essa expansão de sentidos, pude notar a presença de antigos espíritos da natureza que se aproximaram, tive vontade de dar passagem para que se manifestassem em Terra, mas me segurei, pois o dirigente não permitia incorporações fora do terreiro nem em ocasiões especiais como aquela e sempre fui muito disciplinado e respeitei meu dirigente.

Quando chegamos à casa do dirigente geral adoentado, também foi bem interessante, já que não houve aviso por nossa parte sobre a visita que estávamos realizando. Ao apertar a campainha da casa, fomos recebidos pela filha dele, que disse a seguinte frase:

– Demoraram por quê? O Pai já está esperando por vocês faz tempo!

Ficamos nos perguntando como seria possível, pois ninguém avisou que visitaríamos o dirigente adoentado!

Ao entrar na residência, todos foram direcionados à sala de estar, onde nos deparamos com o dirigente sentado em uma cadeira de rodas; à sua frente havia uma mesa grande de centro e sobre ela estavam todos os seus pertences religiosos.

Claramente percebia-se que o dirigente conversava com os espíritos que estavam à sua volta, era incrível e indecifrável a energia espiritual daquele ambiente. Uma confusão energética, para tentar explicar melhor, já que, naquele momento, representantes de diferentes falanges espirituais estavam no local.

Na ocasião, não conseguimos compreender o grau de importância daquela situação espetacular, posteriormente veio o entendimento.

O dirigente geral pediu que sentássemos e aguardássemos à vontade, pois ainda estavam faltando algumas pessoas para a reunião. Naquele momento só deu para entender que tudo fora devidamente programado pelo plano espiritual.

Alguns minutos depois, os dirigentes auxiliares do terreiro que faziam parte da matriz, também sem aviso, prévio, chegaram à casa do dirigente para uma visita.

Quando todos chegaram para visitar o dirigente adoentado, já bem acomodados, ele informou que ao seu lado estava o Caboclo Tuamba, o segundo da hierarquia espiritual daquele terreiro, e contava também com a presença de vários outros mentores espirituais.

O dirigente, em estado terminal, disse a todos ali presentes que todas as decisões estavam sendo orientadas pelos mentores, afirmou também que os médiuns, inclusive eu, faríamos parte da criação de uma nova era nos terreiros de Umbanda, cada qual com sua missão. Portanto, era um projeto da espiritualidade modificando a vida de cada um dos presentes.

O dirigente da matriz iniciou o que ninguém esperava, passou a entregar seus itens como forma de direcionamento das atribuições espirituais das quais cada filho ficaria incumbido após sua partida para o plano espiritual.

Orientou que o cachimbo do Preto-Velho ficaria na matriz do terreiro, precisamente no congá,[13] e ninguém mais o usaria, pois aquele Preto-Velho que o assistia também teria alcançado níveis mais elevados e já não precisava mais vir em Terra.

Em seguida passou a guia, um colar lindo de cura, para sua filha que, naquela época, também estava fundando um novo terreiro naquela cidade e tinha como maior objetivo realizar trabalhos de curas, desmembrando-se do centro-matriz que carinhosamente chamávamos de "Centrão".

Na sequência, passou duas guias (colares) de chefia auxiliar espiritual para dois médiuns do "Centrão", uma para um senhor que assumiria a direção e a outra para um genro que iria auxiliar a mesma direção do terreiro.

E, por último, pegou a guia que lhe pertencia, que tinha a simbologia de guia de chefia espiritual geral do terreiro, pedindo para o Pai Toninho, meu direcionador no terreiro, que ajoelhasse à sua frente. Pai Toninho então obedeceu e, naquele momento, recebeu a guia de chefia geral, transferindo assim a direção do terreiro matriz para o terreiro filial.

A energia dispensada naquele instante foi tão grande que o dirigente da filial desmaiou, recobrando os sentidos depois de alguns minutos.

---

13. **Congá**: m.q. GONGÁ – altar; seu recinto.

Após todo o procedimento realizado pelo Pai Roberto, adoentado, ele se despediu informando a todos que sua missão na Terra havia sido cumprida e que lhe restava pouco tempo para sua partida para Aruanda.

No calor da despedida, direcionou-me seus olhos, dizendo:

– Os mentores espirituais que aqui estão mandam dizer que sua missão segue em passos curtos neste momento, muitos contratempos ainda estarão por acontecer, mas, em um futuro não distante, um novo caminho irá surgir; com certeza terá iniciado seu objetivo, sua missão, você terá o arbítrio de segui-lo ou não, porém sabemos que será sábio e tomará a decisão correta.

Novamente fiquei sem entender a razão daquelas palavras, mas lembrei naquele exato momento o que o Caboclo havia me dito anteriormente no terreiro, quando pensava em desistir de meu caminho da religião de Umbanda.

Acredito que esse tipo de situação ocorre na vida dos médiuns, às vezes acontecimentos bons e outros ruins. Naquela época até poderia haver algum significado. Diante disso, geralmente os médiuns ficavam sem nada entender, chegando até a reclamar disso ou daquilo, mas só no futuro, quando os fatos vão se elucidando, é que começam a entender o propósito daquelas mensagens.

Embora os médiuns sejam fielmente leais às ordens e ensinamentos das entidades espirituais, muitas vezes ficam por não entender suas palavras, conselhos ou previsões, tornando-se incompreensível, confuso ao médium, mas com o tempo o futuro se encarrega de explicar tudo, fazendo com que aquelas palavras sejam esclarecidas, tornando-se puras e verdadeiras. A Umbanda me ensinou que o tempo deve ser respeitado.

Em tudo há um propósito das Leis Divinas em nossas vidas. E este livro mostra claramente ao leitor, mesmo de forma resumida, que não cai uma folha de uma árvore na frente de um médium ou de qualquer pessoa sem que haja motivo ou explicação, os esclarecimentos virão a seu tempo, conforme a Lei Maior. Podem acreditar que cada um, dentro de seu livre-arbítrio, recolhe e aproveita as oportunidades dos bons caminhos ou simplesmente os ignoram.

Os Dirigentes Desencarnaram

No dia seguinte à nossa visita, Pai Roberto veio a desencarnar, e um grande cortejo se dirigiu até sua cidade para acompanhar o velório e o enterro.

Algum tempo depois do desencarne do Pai Roberto, os dirigentes do terreiro onde eu frequentava e dava os primeiros passos mediúnicos também ficaram muito doentes.

Pai Toninho, que era o sacerdote do terreiro, foi o primeiro a desencarnar; ele trabalhava com todas as entidades hierárquicas de chefia da casa. Em seguida desencarnou o segundo da corrente mediúnica, o Pai Pequeno do terreiro.

Contudo, não demorou muito para haver mudanças entre os irmãos: sentindo-se inseguros, vários médiuns decidiram sair daquele terreiro de Umbanda, justamente pelas alterações ocorridas após os desencarnes dos velhos líderes.

Naquela época, os médiuns mais velhos e os dirigentes espirituais não passavam os conhecimentos de hierarquia para os mais novos, era muito raro quando isso acontecia, não existiam cursos sacerdotais, cursos de teologia, como vemos nos dias atuais. E, geralmente, quando os velhos desencarnavam, o terreiro acabava ou passava por alterações severas, o que ocasionava o desligamento de muitos irmãos e muitas irmãs da corrente mediúnica.

No momento em que essas situações ocorreram foi difícil entender os porquês destes acontecimentos, a vida tomava caminhos diferentes. Mas a verdade é única, ninguém se afasta ou se desliga de um templo religioso que está frequentando com harmonia, isso é raro, não é verdade?

Em muitos templos religiosos, acontecem situações que desagradam a alguns médiuns, e, na Umbanda, o que sobrevém não é diferente. Muitos irmãos de fé migram para outros templos, que, posteriormente, contribuem para ajudar outro terreiro já existente, para dar origem a um novo, preparado pelo plano espiritual. Nessa decisão de mudança o astral não interfere, pode ocorrer um direcionamento para que a escolha seja feita de acordo com as pessoas que devem se encontrar para o cumprimento de sua missão ou carma.

Nada acontece por acaso, até as tempestades têm uma finalidade especial; sabemos que é por meio delas que as peças do quebra-cabeça vão se completando onde devem, em seu exato momento, ocorrer as explicações e conseguirmos compreender tudo aquilo de que, de alguma forma, poderíamos ter dúvidas. Nada antes... Nem depois.

Os médiuns que assumiram a direção do terreiro por questões ainda pouco compreendidas começaram a questionar meus estudos externos, foi quando percebi que o tempo ali havia se esgotado, lembrei-me das palavras do Caboclo quando disse que ainda era novo e tinha muitos caminhos para seguir fora daquele terreiro.

Queria muito estudar, aprimorar meus conhecimentos para me tornar um médium, uma pessoa melhor, mas naquela casa que tanto amava estava restrito. Tomei a decisão de sair e seguir adiante em uma nova trilha, rumo ao aperfeiçoamento.

Muitas vezes, a vida nos prepara grandes surpresas e nem tudo acontece exatamente como imaginamos. Eu tinha absoluta certeza de que desencarnaria trabalhando no terreiro que me acolheu, cheguei a pensar seriamente que seria o primeiro e último terreiro de minha vida, porém não aceitei as mudanças e acabei me desligando daquela corrente, após catorze anos de jornada mediúnica. E assim terminei a primeira fase mediúnica, em uma grande jornada de trabalhos e vivências que marcaram minha vida no contexto espiritual do qual sou eternamente grato.

O Fim Não Existe

Tudo que passei e aprendi em minha primeira fase mediúnica foi para o meu aperfeiçoamento espiritual, a estruturação de uma base sólida e preparação para a missão sacerdotal que estava por vir. E não pense que tudo acabou por aí, não se engane, pois é neste ponto que tudo começa a fazer sentido.

O fim não existe, todo ciclo que se encerra dá início a outro; tudo no Universo é assim! Estrelas morrem para que outras a partir de sua poeira nasçam. Nós morreremos aqui, para renascermos em outro plano, e por aí vai... Sempre iniciando um novo ciclo após o término de outro.

Reencarnei com uma missão sacerdotal onde, em Terra, recebi a confirmação de meu Caboclo em meu terreiro, logo no início da jornada mediúnica.

Quando o astral reconhece a missão sacerdotal e confirma desta forma no plano físico, o médium passa a ser um sacerdote vertical, ou seja, é um sacerdote inicialmente outorgado pela espiritualidade que lhe assiste.

Isso já seria suficiente para administrar o terreiro de Umbanda que em breve estaria fundado, mas antes queria aprimorar conhecimentos sobre minha religião e adquirir mais maturidade para vencer minhas sombras, conflitos e imperfeições internas, primordiais para a formação de um sacerdote horizontal. Nada mais é que estudar e inferir, apreender a teologia da religião, passar por vivências dentro do terreiro orientado por um sacerdote agraciado pelos amacis,[14] com isso ser iniciado e outorgado por outro sacerdote já formado na Umbanda.

Procurei investir muito nos cursos, até hoje faço o mesmo, afinal o grande lema da Umbanda é aprender com quem sabe mais e ensinar quem sabe menos, como o próprio Caboclo das Sete Encruzilhadas nos ensinou em 1908 na fundação da religião. Seguindo essa linha de pensamento, sempre estaremos ensinando e aprendendo, e não penso diferente.

O curso de sacerdócio é extremamente importante para quem tem essa missão, pois são nesses cursos que o médium tem a condição de entender melhor as dificuldades, a problemática e a complexidade de administrar materialmente e espiritualmente um terreiro de Umbanda.

O sacerdote de Umbanda é um médium de incorporação desenvolvido que recebeu essa missão, no entanto, para exercer essa função dentro de um terreiro, não dá para trabalhar com "achismos" nos dias atuais.

Muito menos utilizar aquele velho conceito, que relutei, de que o médium não precisa estudar porque os mentores sabem de tudo e só um pouco de conhecimento basta.

O antigo conceito de que o mentor sabe tudo e o médium não precisa estudar está ultrapassado; já que o estudo é importantíssimo para a aplicação de um animismo positivo dentro do processo mediúnico, além de servir para tirar o médium de uma zona de conforto, do qual o estaciona em sua evolução individual.

O futuro sacerdote precisa sim de preparo, deve sim conhecer os fundamentos da religião, dos assentamentos, firmezas, banhos, e conhecer sobre a mediunidade para que, da mesma forma que foi cuidado um dia, possa cuidar agora dos filhos que vêm em busca de direção e orientação.

---

14. **Amaci:** É um dos rituais mais importantes da Umbanda. Aliás, Amaci é um dos primeiros sacramentos, o qual consiste na iniciação do médium. O Amaci é a iniciação dos filhos da casa para entrarem no mundo dos trabalhos da Umbanda.

O médium umbandista deve trabalhar em conjunto com seus mentores espirituais, necessitando estudar para aprender, e assim evoluirão juntos.

O sacerdote não é um ser iluminado, muito menos um santo, e está longe disso. O sacerdote é uma pessoa comum que, com seus estudos e disciplina, pode se tornar melhor e ajudar seus filhos neste mesmo sentido.

Então, nessa nova fase em minha vida, percebi que estava apenas no início e que tinha muito a percorrer ainda, em prol de um amadurecimento mediúnico e sacerdotal; aprendi também que os jovens umbandistas do tempo moderno são bem diferentes de quando eu comecei minha jornada. Esses jovens de hoje têm sede de conhecimento e não aceitam mais as velhas condutas, os mitos, mistérios, dogmas e principalmente os "achismos"; eles querem repostas!

Sei que agora, além de ter de adquirir muito conhecimento por meio de estudos, antes de ser um sacerdote, é meu dever ser amigo, acolher a comunidade, incentivar os estudos e, mais do que nunca, necessito saber orientar as dificuldades dos seguidores de Umbanda.

Muitas vezes no passado, como já relatei, fui impedido por meus dirigentes de buscar conhecimentos externos que vivenciavam um falso moralismo.

Logicamente eu não os condeno, pois nem todo sacerdote é ou foi um estudioso, alguns não tiveram sequer acesso aos estudos, e isso traz insegurança ao dirigente, que acaba trabalhando com o que tem em suas mãos, com o que aprendeu com os mais velhos, ou com seus mentores e até mesmo com o famoso "achismo".

Indiscutivelmente, cabe a todos nós médiuns procurarmos o local adequado para o nosso aprendizado e evolução. Hoje em dia não há como ignorar os estudos, já que vivemos na era do conhecimento, da tecnologia e da informação, mas devemos estar cientes de que precisamos de formação.

Só não estuda sua religião quem realmente não quer, pois se o terreiro não tem um colégio de Umbanda, a própria internet ou outros terreiros têm e darão essa condição para os novos umbandistas. Portanto, não existe absolutamente nada de errado com um médium umbandista frequentar um determinado terreiro e estudar em outro que lhe ofereça condições, inclusive buscar conhecimentos em outras religiões.

Nada impede quem deseja aprender, buscar o conhecimento debruçando-se nos livros, com a finalidade proveitosa em arrancar o véu da ignorância, alimentando-se dos conhecimentos que são oferecidos a nós pela grandiosa e bela espiritualidade.

Defendo categoricamente os estudos diante da realidade atual, de toda transformação planetária, afirmando que se instruir é o melhor caminho. Bom, desde o início fui sedento por conhecimento e hoje procuro ajudar meus irmãos e minhas irmãs de terreiro, fazendo por eles o que eu não tive a oportunidade de ter no passado; é sempre bom lembrar que fora do conhecimento não há evolução.

A Mentora Encarnada

Após algum tempo, tive o grande prazer de conhecer uma senhora que vamos chamar aqui pelo pseudônimo de Valéria. Ela era, e continua, muito estudiosa, possui nível superior e ministra vários cursos e palestras, além de ser gestora no plano físico.

Na adolescência gostava muito de pesquisar assuntos relacionados a mistérios, e ainda gosto, sempre fui um estudioso apaixonado por assuntos ligados à espiritualidade e à ufologia científica. Certa vez tive a oportunidade de participar de um evento sobre ufologia, em uma cidade próxima; quando voltei fui entrevistado por um jornal local, que se interessou por minhas pesquisas.

Acredito que meu interesse sobre essas ciências espirituais e outras tenham partido da minha mediunidade que ainda não entendia muito bem, porém, me despertou muita curiosidade pelos assuntos polêmicos de cunho espiritual e também sobre a vida pós-morte e a vida em outros planetas.

A matéria foi publicada no jornal, logo minha tia paterna Carmem recebeu uma ligação de Valéria, dizendo que havia conseguido o telefone procurando por meu sobrenome publicado no jornal e que precisava muito falar comigo.

Minha tia anotou os dados daquela senhora e na primeira oportunidade me entregou. Fiquei muito curioso na época e não perdi tempo, rapidamente me desloquei até o endereço informado e foi assim que conheci Valéria.

Chegando à casa de Valéria, deparei-me com uma senhora muito gentil que despertava interesse em ter aquela "prosa" sobre ufologia, espiritualidade e projeção astral. Apesar de ter passado por vários episódios mediúnicos, não tinha conhecimentos espirituais suficientes, mas dominava o tema de ufologia, pois sempre pesquisava em grupos de estudos com alguns amigos amantes de seres extraterrestres.

Durante o diálogo, Valéria disse que desde muito jovem tinha um dom, adquirido de forma misteriosa. Ressaltou ainda que não entendia aquele fenômeno. Com muito cuidado e delicadeza, relatou que podia sair de seu corpo físico enquanto dormia com total consciência, e que, com isso, vivenciava histórias espirituais reais fora do corpo.

Fiquei espantado no momento e lembrei-me de quando era criança, o quanto fui atormentado em meus sonhos reais com aquela menina de branco que me aterrorizava na rua de minha casa.

Com convicção, a simpática senhora disse que provaria o que estava falando, inclusive aos meus amigos que também faziam parte das pesquisas.

Vale ressaltar que, apesar de ter mediunidade de desdobramento astral desde a infância, não tinha controle algum sobre ela, às vezes era consciente, outras vezes não, mas o que me faltava era maturidade suficiente para concluir o desdobramento astral. Naquele momento foi bom ouvir que a senhora Valéria tinha conhecimentos avançados sobre o tema e que talvez pudesse me ajudar.

Muito curioso, questionei como seria aquela prova, ela disse que durante a noite faria uma visita e nos levaria para um passeio no astral de forma consciente.

A princípio, tive minhas dúvidas e incertezas se isso era possível, apesar de ter vivenciado experiências durante a infância. O fato é que não tinha certeza, mas as recordações foram inevitáveis, lembrei-me com clareza de detalhes de meus casos de desdobramento, porém sempre na dúvida se eram de fato desdobramentos ou pesadelos ocasionados por uma obsessão mediúnica, ou coisa parecida. Fosse o que fosse, a única certeza é que eu não tinha maturidade mediúnica.

Por fim, eu e meus amigos aceitamos o desafio e, em seguida, voltamos para nossos lares.

E quando tudo fosse acontecer, dormiria na casa de minha tia paterna Carmem, que residia a poucos metros da minha, palco de várias obsessões durante minha infância.

Naquele dia, tive um dia normal e havia até me esquecido da conversa com Valéria. Quando chegou a noite, tomei um copo de leite, como de costume, e me deitei para dormir.

Em determinado momento da madrugada despertei do sono, olhei para os lados e observei tia Carmem e minha madrinha dormindo no mesmo quarto à minha frente; a luz do banheiro estava acesa, pois minha tia não gostava de dormir no escuro total.

De repente olhei para a porta do quarto que ficava trancada e vi a senhora Valéria de pé, fazendo gestos com sua mão e me chamando para ir com ela.

Assustei-me e perguntei para a senhora Valéria:

– O que a senhora está fazendo aqui?

– Oras!!! A gente não combinou um passeio?

– Que passeio? Isso não pode ser verdade, não é? Será que estou sonhando? É isso! – respondi em dúvida e com ar de espanto.

E Valeria então respondeu:

– Você não está sonhando, está acordado no astral e consciente, olhe à sua volta – retrucou a senhora Valéria.

– Só pode estar brincando, já olhei à minha volta, estão todos dormindo e eu também, só posso estar sonhando, ou será mais um sonho real como os que eu tinha antes?

– Faça o seguinte, Pedro, sente-se na cama e olhe para trás e verás que não está sonhando, faça!

Eu respondi ironicamente:

– Está bem, vou fazer e te provar que estou sonhando, vou olhar para trás e nada demais verei!

Naquele momento, fiz o que Valéria havia pedido. Fiquei chocado ao observar que estava sentado em cima de meu próprio corpo físico. Após o choque, calei-me e passei a seguir as orientações pedidas por ela sem hesitar.

Naquele instante, Valéria me pediu para levantar e ficar ao seu lado, imediatamente atendendo ao seu pedido, não pensava em nada, apenas me levantei e sentei ao seu lado.

Valéria disse que eu estava tendo uma experiência fora do corpo e consciente. Defronte à porta de saída do quarto, a gentil senhora pediu que eu fechasse meus olhos e em alguns segundos estaríamos viajando para outro lugar.

E foi mesmo o que transcorreu, abri os olhos, observei que estava na casa de um de meus amigos, que também haviam topado o desafio, em seguida o vi se levantar em espírito, abandonando ali seu corpo físico, e vir em nossa direção.

Eu estava totalmente consciente, mas ao mesmo tempo meio abobado com a experiência que estava tendo naquele momento.

Quando todos já estavam reunidos, Valéria saiu com meus amigos para a rua em frente à casa em que estávamos, dizendo que poderíamos nos divertir um pouco, já que estávamos livres da matéria.

Todos nós sentíamos uma sensação de leveza naquele instante. Eu comecei a flutuar, ora me sentia um pouco mais pesado, ora um pouco mais leve e, quando me aproximava do chão, empurrava o corpo para dar galeio, na tentativa de voar mais alto. Foi então que me aproximei dos fios da rede elétrica da rua, e fiquei com muito medo de levar um choque. Diante daquela sensação que oferecia perigo, acabei despertando em minha cama. Eu estava muito sonolento, com o corpo extremamente pesado, olhei à minha volta e acabei caindo no sono, novamente terminando a noite inconsciente.

Ao amanhecer, lembrei-me com nitidez do "sonho" daquela noite; eu estava eufórico com aquela experiência no astral, não contive a ansiedade e acabei ligando para os meus amigos que também se recordaram da experiência vivenciada.

Diante desse fato sensacional, acabei me tornando um grande amigo da senhora Valéria, que me ensinou tudo sobre desdobramento astral, dentro e fora do contexto religioso, tornando-se uma mentora encarnada em minha vida, passando conhecimentos que até então eu desconhecia.

A senhora Valéria posteriormente se tornou conhecida neste campo e participou até de programas de televisão sobre o assunto, entre eles o *Globo Repórter*, na emissora de televisão Globo. Seu caso também fez parte do capítulo de um livro do autor paulista Mário Nogueira Rangel, intitulado *Sequestros Alienígenas – Investigando a Ufologia com e sem Hipnose*.

Sem dúvida, a senhora Valéria também foi uma peça importante, engajada para me ajudar no início de minha missão espiritual na Terra, já que, posteriormente aos fatos narrados, pude vivenciar experiências com meus mentores espirituais fora do corpo, o que facilitou muito minha vida mediúnica, favoreceu a escrita desta obra e de histórias que vou contar em capítulos posteriores, conduzindo-me para a fundação do terreiro de Umbanda.

A Fraternidade entre Irmãos

Entre os anos de 2006 e 2007, um pouco mais experiente e maduro, ainda vivenciava o aprendizado, pois sabia que o conhecimento é infinito, e graças a Olorum[15] sempre tive em meu íntimo coragem, determinação, um universo a descobrir, por isso almejava o saber.

Nossa vida é feita por ciclos, tendo um começo, um meio, um fim e recomeço. O fim de um ciclo representa o começo de outro, essas mudanças formam nossa evolução, nosso crescimento moral, intelectual e espiritual, é a Lei Divina.

No meu caso não seria diferente. Então se findou um ciclo para começar uma nova etapa em minha vida. Dessa forma, terminou minha primeira fase antes do surgimento de um novo terreiro, que já estava estruturado pelo plano espiritual, onde eu seria o sacerdote e responsável, com outorga vertical para cuidar e direcionar o terreiro que viria a nascer em um futuro breve na Terra.

Com a saída de vários médiuns do terreiro inicial que eu frequentava, alguns ficaram sem saber que destino tomar. Não sabiam se tentavam montar um novo terreiro ou se iriam conhecer outros terreiros para iniciar uma nova fase.

Naquela ocasião, eu já estava sendo preparado para fundar um novo terreiro, logicamente que, mesmo citando isso aqui, de antemão, eu não tinha consciência disso na época, porém dava muita

---

15. **Olorum:** Entre os povos da costa da Guiné e regiões vizinhas, ente divino abstrato, eterno, onipotente, criador do mundo e cuja epifania é o firmamento [Tem estatuto acima dos orixás e pode não ser entidade originária do panteão negro-africano; não é objeto de culto regular no Brasil nem na África]. Propriamente o mesmo que Deus.

importância e pouco me lembrava do que os mentores espirituais haviam anunciado no passado sobre minha missão na Terra.

Um belo dia, um amigo que considero mais como um irmão ficou sabendo da minha saída e acabou me questionando e perguntando o que havia acontecido, percebendo que eu andava meio descontente, abatido, e apresentava um olhar muito triste. Disse que, após catorze anos de jornada mediúnica, eu estava sem exercer minhas atividades que tanto amava fazer.

Meu amigo ouviu atentamente e disse-me que tinha uma pequena casa nos fundos de sua casa e, naquele momento, estava sem morador. Em um sentimento fraterno ofereceu aquele espaço, para que eu, ele e os irmãos que estavam sem exercer as atividades mediúnicas continuassem os trabalhos em prol da caridade na Umbanda.

De imediato, aceitei a oferta, pedi as devidas orientações aos meus mentores espirituais e na semana seguinte, com meus irmãos e irmãs, que também estavam sem terreiro, assentamos e consagramos aquele espaço dos fundos como um espaço sagrado, e iniciamos os trabalhos de Umbanda.

Aquele espaço era minúsculo, no entanto tornou-se um lugar mágico e sagrado para todos nós. Trabalhávamos com muito amor, coragem e determinação, recebíamos as orientações espirituais e aplicávamos. No início atendíamos familiares e amigos, sempre sob as orientações dos mentores espirituais, e conseguimos assim manter nossos trabalhos em prol da caridade e do auxílio ao próximo.

Contudo, um sentimento de alegria voltou em meu semblante e pude sentir-me feliz novamente por fazer o que realmente gostava, meu maior presente naquela época foram dois acontecimentos. O primeiro foi apreciar e contemplar meus irmãos e minhas irmãs satisfeitos, assim como eu, por poderem exercer a mediunidade e a Umbanda. O segundo: naqueles trabalhos de menor escala com menos assistentes, recebermos orientações mais diretas e dedicadas, e foi ali que os mentores espirituais puderam nos conduzir e destinar conselhos valiosos para os próximos passos que seriam tomados.

Primeiras Manifestações da Cúpula

Em poucas semanas de funcionamento, naquele espaço provisório, o público foi aumentando rapidamente, passaram a frequentar familiares, parentes e muitos amigos, pessoas de vários lugares.

Os atendimentos foram sendo realizados e, ao mesmo tempo, as entidades espirituais foram passando informações valiosas e muitas instruções a todos.

Com o passar das semanas, depois de muitos trabalhos realizados, alguns mentores que não se manifestavam no antigo terreiro que eu frequentava passaram a se manifestar. O primeiro deles foi o Caboclo Peri, responsável espiritual pelo terreiro que viria a ser fundado em um futuro breve, mas obviamente que eu ainda não sabia daquilo.

Pai Peri, Caboclo de Oxóssi, com campo de atuação também em Pai Oxóssi, terceira linha da Umbanda no trono do conhecimento, começou a trazer muitos conhecimentos e orientações para todos.

Durante a realização dos trabalhos, naquele espaço provisório, adquirimos muitos conhecimentos sobre fundamentos, assentamentos, firmezas sobre a religião de Umbanda, informações para todos que estávamos ali presentes e nunca havíamos aprendido no antigo terreiro; todos ficaram admirados e felizes com tanta proteção recebida.

Apesar de aquele espaço provisório ter sido oferecido com muito carinho e de ter sido consagrado com muito amor, ele ainda não era a semente, ainda não era aquele que seria de fato, o terreiro que iríamos fundar com a estruturação daquela Cúpula Hierárquica Espiritual de Criação.

Em uma noite de trabalhos espirituais, o próprio Pai Peri advertiu-nos, através da psicofonia, que outras situações conflituosas ocorreriam e que deveríamos entender e aceitar. Disse ainda para não esquecer de "minha missão", era para ser forte e firme diante de tudo; só assim chegaria aonde deveria, aquele lugar era apenas um novo caminho a galgar, e o objetivo final só seria alcançado se os filhos optassem pelas escolhas corretas dentro do livre-arbítrio de cada um.

As informações provinham do alto; cada vez mais ficávamos apreensivos com a linguagem indireta dos mentores espirituais.

Pai Peri disse também que, daquele dia em diante, acompanharia o grupo ostensivamente para direcionar, apoiar e orientar.

O Retorno do Exu Tatá Caveira

No terreiro em que iniciei minhas atividades, manifestavam-se apenas as linhas de Caboclos, Pretos-Velhos, Crianças, em última instância a linhas dos Exus para trabalhos mais densos, por ser aquela a vertente adotada pelos dirigentes que lá administravam, como já descrevi em capítulos anteriores.

No espaço, que carinhosamente chamei de "espaço dos fundos", provisoriamente os trabalhos foram tomando rumos bem diferentes dos que estávamos acostumados, várias outras linhas de trabalhos da Umbanda começaram a se manifestar.

É curioso lembrar que naquela última semana, do segundo mês de trabalho, no espaço provisório, manifestou-se em mim um Exu, embora eu não estivesse habituado a trabalhar com aquela linha de esquerda.

Incorporado e se locomovendo pelo terreiro, os irmãos e irmãs de fé que estavam ali presentes caíram em lágrimas, emocionados, pois ali se manifestava o Guardião que muito havia ajudado os presentes, inclusive a mim. Apesar de toda comoção, despertou sentimento de alegria de muitos e também de espanto, sendo que aquele Guardião que havia se manifestado incorporava somente em extrema necessidade no Pai Toninho, já falecido, antigo dirigente do terreiro que havia iniciado.

Confesso que me assustei, aquele era o Exu que havia me salvado e libertado, era um espírito amigo digno de admiração e respeito.

Era ele, o Senhor Tatá Caveira, que se manifestou de forma séria e objetiva, permanecendo algumas horas conosco, instruindo-nos e contando várias histórias e passagens de suas reencarnações, que, com o passar do tempo, se transformaram em um livro chamado *O Guardião dos Templos*, de minha autoria, publicado no Brasil em 2009. Inclusive foi uma obra de cunho particular financiada por uma amiga, também fiel ao Exu Senhor Tatá Caveira, de grande valor espiritual e sentimental.

Entre muitas revelações, o Guardião disse para o médium que o sustentava na matéria que fora seu amigo em várias encarnações, que o acompanhava há muito tempo, nada que havia acontecido até então foi por acaso, cada acontecimento tinha um propósito.

O Senhor Guardião também revelou, assim como o Pai Peri, sobre uma missão sacerdotal do médium que estaria em sua vibração, neutralizando o que fosse possível para ajudar em minha missão de um terreiro prestes a ser fundado.

Naquela noite, no término de sua manifestação, o Senhor Tatá Caveira falou que aqueles trabalhos se encerrariam e novos caminhos apareceriam, com pedras e espinhos, mas o conhecimento surgiria e as raízes do médium se fortaleceriam para exercer o sacerdócio.

O Preto-Velho se Apresentou

Naquele período de minha jornada mediúnica na Umbanda, diante de várias informações, desfechos e recomeços, com a última manifestação do senhor Tatá Caveira, encontrava-me muito confuso em relação a tudo que foi dito. Foi exatamente nesse ponto que a história daquele escravo me comoveu e me fez olhar para trás, olhar minha vida de forma diferente, trazendo motivação para continuar.

Posso dizer que tive o grande privilégio de ver, ouvir e sentir a história do Preto-Velho que me assiste nesta reencarnação até então, o Pai Izaquias.

Tudo aconteceu em uma noite quando repousava após um trabalho mediúnico, no qual pude desfrutar de um desdobramento astral consciente, foi naquele momento mágico que tudo aconteceu.

Sem dúvida, o Preto-Velho veio para me fortalecer, trazer tranquilidade após as manifestações do Pai Peri e do senhor Tatá Caveira. Apesar de ter experimentado várias vivências mediúnicas, eu ainda era jovem e tais revelações me deixaram assustado, com muito receio de enfrentar a responsabilidade que tanto falavam para mim.

Naquela noite, após cair em sono profundo, estava sentado em um velho tronco de árvore serrado, bom, gosto de chamar este tronco de "toco", assim como os Pretos-Velhos gostam de dizer.

À minha frente estava sentado um velho senhor negro, plasmado com vestes humildes e com seu cachimbo na boca fazendo fumaça.

Eu conhecia aquela grande árvore, era um jatobazeiro, que quando criança brincava embaixo com meus amigos. O Preto-Velho olhou nos meus olhos e disse:

– Para chegar aqui, meu fio, nego navegou com fé, nego navegou com muita fé, fio...

E naquele instante o Preto-Velho começou a contar sua história, tive o grande prazer de vivenciar e me emocionar com aquilo que contou, era mais ou menos assim.

Palavras do Preto-Velho:

Ainda jovem, lembro-me de quando fui embarcado em um tumbeiro[16] de Angola para o Brasil, foi uma longa e dolorosa viagem, diga-se de passagem. Eu, juntamente com meus irmãos e meu povo, vivemos dias de muita humilhação e tristeza; o balanço causava náuseas horríveis, estávamos empilhados no porão do tumbeiro, todos amarrados pelos pés, alguns sentados, outros deitados, havia um pouco de água que cheirava podridão.

No decorrer dos dias, em alguns momentos, eu era submetido a fazer bochechos com vinagre para manter os dentes em ordem, posteriormente descobri que os dentes precisavam estar em bom estado, era um dos fatores primordiais para nossa venda. Água para lavar ou beber era muito difícil de ver. A viagem passou a se tornar um inferno, observei com muita dor no coração a morte de muitos confrades e outros agonizarem com várias doenças. Fazia o que podia para tentar ajudar, porém tudo era muito limitado, meu corpo, além de amarrado pelos pés, já se sentia fraco, sem forças, eu mal comia, quando me alimentava era apenas milho em pouca quantidade e, para beber, havia água, em quantidade mínima que mal matava a sede.

Acabei por adoecer nesse trajeto, sentia muitas cólicas abdominais, dores por todo o corpo, meu olho direito coçava e lacrimejava, naquele momento percebi que estava perdendo minha visão

---

16. **Tumbeiro**: Designação dos navios negreiros usados no tráfico de escravos para o Brasil. Pequeno navio oceânico. Para esse fim, geralmente de 200 toneladas ou menos.

por algum motivo, mas ainda enxergava bem com o olho esquerdo, graças a Zambi.[17]

Em certo momento, percebi os cinco confrades que ainda tinham forças para lutar, preparavam uma rebelião contra os marujos do tumbeiro, enquanto eu mal me levantava. Naquele instante, os confrades avisaram que o sofrimento iria acabar, prometeram dominar a embarcação utilizando-se das facas dos marujos, no momento da higiene dos dentes e na distração dos marujos. Pedi a Zambi que os encorajasse naquela ação, era a única forma pela qual o nego aqui conseguiria ajudar, a vontade de livrar-me daquele momento horrível era demasiadamente grande, senti esperança em meu coração, realmente não era uma missão fácil, mas havia uma chance em meio àquela escuridão trevosa.

Era chegado o momento, ouvi quando os marujos abriram o alçapão da embarcação e observei que vinham munidos dos recipientes contendo vinagre para lavar nossas bocas. Os confrades estavam nas posições para o ataque e o fizeram de forma rápida, porém um dos marujos conseguiu soltar um grito quando dois de seus comparsas foram atingidos pelos confrades. Naquele instante apareceram muitos outros tripulantes e dois de meus confrades foram mortos ao meu olhar embaçado. Os outros três foram rendidos e acredito que foram jogados ao mar ou torturados e isolados, pois nunca mais os vi. Infelizmente, eu e os demais confrades não tínhamos forças para auxiliar nossos irmãos que tentaram nos libertar em uma missão desesperada. Depois de algum tempo após a ação frustrada, fomos informados de que novas tentativas de ataque contra os tripulantes seriam condenadas com a morte de todos, sem piedade, sabia que não podiam matar a todos, pois éramos objetos de troca por dinheiro, mas a tortura seria inevitável.

A única força e amparo que restava era a fé, esse sentimento em meu coração fazia minhas rezas e súplicas a Zambi e Oxalá, pedindo

---

17. **Nzambi, Zambi, Nzambi, Mpungu, Zambiapongo, Zambiampungu, Zambuipombo, Zambe-o-pombo, Zambiapungo, Zamiapombo, Zamuripongo ou Zambi**: É o Deus supremo e criador, na linguagem da nação Bantu.

que minha vida fosse poupada ou que me levasse de uma vez aos seus braços, pois a situação estava insuportável. Ora uma ou ora outra, minha fé se abalava e começava a pensar absurdos, questionava porque Zambi havia nos abandonado.

Mesmo sem forças éramos obrigados a subir ao convés da embarcação, a realizar atividades físicas, para que nossos músculos não atrofiassem, e até dançar, cantar, enfim, fazer atividades motoras. Muitos de nós, inclusive eu, não conseguíamos realizar tais atividades, estávamos muito fracos, nossos corpos não respondiam, nossa agonia aumentava. Levei chibatadas, feridas se abriram em meu corpo que sangrava, tornava-me naquele momento um farrapo humano; a única força que me manteve vivo foi minha fé em Zambi e, mesmo assim, pedia para morrer naqueles momentos cruéis.

Pelo lado positivo, hoje entendo que aprendemos a amar a vida em todos os aspectos, e a humildade, a simplicidade e a resignação foram consequências boas para nossa evolução espiritual, porém perdoar aqueles que nos açoitavam e maltratavam não era uma tarefa fácil, pelo menos naquela fase da vida.

Muitos de meus confrades estavam obcecados por vingança, com ódio em seus corações, degenerados dentro de um mundo de raiva e sangue; confesso que por um determinado período também caí nas amarguras desses sentimentos. Mas como disse, minha fé era grande, sustentava minhas pernas e me dava forças para continuar a jornada. Hoje, mais do que nunca, entendo o quanto a fé foi importante naquele período, direcionou-me posteriormente para a prática do perdão, sentimento este que foi o ponto-chave para a ascensão espiritual.

Perdoar nossos carrascos não é missão fácil, principalmente quando vivemos o açoitamento. Mas nada é por acaso. É bom lembrar que não cai uma folha de uma árvore senão pela vontade de Zambi, pois, antes do reencarne, nossa consciência traça uma predestinação para que possamos vivenciar situações, levando-nos ao aprendizado e à nossa evolução espiritual, mas estamos diante do livre-arbítrio e podemos involuir.

A fé atua nos níveis mais elevados de consciência, é um dos principais sentidos da vida; mais que uma questão de crença é um estado de espírito, muito mais do que o ato de crer em Zambi é o ato de realizar-se n'Ele. Enquanto seres espirituais são gerados por ele, a fé foi um sentido fundamental para minha sobrevivência naquela viagem quando encarnado. Em minha vivência como escravo, do princípio ao fim, a fé me manteve vivo e confiante; hoje, mais do que nunca, agradeço a Zambi por ter me mantido firme nesse Sentido Divino.

Na Pátria da Escravatura

Minha sensação no desdobramento já não era mais de ouvir o Preto-Velho e sim sentir toda aquela história de uma emoção inexplicável. Não tem como expressar esse sentimento, é similar ao do amor, da ternura, simplesmente incompreensível, apenas vivenciando é que se consegue saber como é! E o Preto-Velho não parou, ele continuou narrando aquela situação, permanecendo consciente, sentindo tudo, foi um dos desdobramentos mais intensos e duradouros que até então eu havia experimentado.

O Preto-Velho continuou sua história...

Minha chegada ao Brasil foi bem triste, estava muito debilitado necessitando de cuidados, na verdade, à beira da morte, parecia um trapo humano, muito desidratado, cego de um olho, com fortes dores abdominais. Chegando ao porto do Rio de Janeiro, que vocês conhecem como Cais do Valongo,[18] os tripulantes da embarcação travaram-me pelo pescoço, junto a outro confrade, com uma espécie de garfo de madeira que encaixava em nosso pescoço, então éramos amarrados com uma corda para evitar uma possível fuga.

Os tripulantes me levaram para um complexo onde havia outros confrades em situações semelhantes, era uma espécie de armazém de tratamento, davam água e comida de má qualidade

---

18. **O Cais do Valongo**: É um antigo cais localizado na zona portuária do Rio de Janeiro, entre as atuais Ruas Coelho e Castro e Sacadura Cabral. Recebeu o título de Patrimônio Histórico da Humanidade pela Unesco em 9 de julho de 2017 por ser o único vestígio material da chegada dos africanos escravizados nas Américas.

na intenção de cura e fortalecimento de nossa matéria para facilitar a comercialização.

À beira da morte, quase a desencarnar, comecei a agir com inteligência, fundamental para minha sobrevivência. Muitos confrades recusavam água e os alimentos e logo morriam aos olhos de todos.

A água que era servida me hidratou ao longo dos dias, não tinha gosto agradável, parecia choca, algo parecido com madeira podre, porém essencial para minha sobrevivência. Certamente, se eu não bebesse, morreria rapidamente. Também serviam muito milho e restos de carne de porco, não era saboroso, mas a proteína e a gordura deram-me força física. Depois de alguns dias consegui me recuperar fisicamente e me coloquei de pé, porém a visão de meu olho direito ficou comprometida, mas ainda enxergava com o outro.

Apesar da visão comprometida, meu corpo estava fisicamente bem e apresentável para as negociações, então me levaram ao comércio. Sabia que meu trabalho seria difícil, pois tinha uma deficiência física adquirida no tumbeiro e nenhuma habilidade específica. Os confrades que possuíam habilidades tais como carpintaria, barbearia, entre outras, tinham a chance de ser escravos de ganho, ou seja, recebiam por seu trabalho. Davam a parte maior para o senhor seu dono e o que sobrava guardavam para comprar sua alforria posteriormente. Não era meu caso, fui negociado como escravo de aluguel a princípio, meu senhor branco me comprou por alguns réis e me levou para um armazém onde passei um dia e uma noite junto com outros confrades que também foram comercializados comigo.

No segundo dia no armazém, o senhor apareceu com um grupo de brancos para fazer negociações, acabei por ser negociado como escravo de aluguel, meu senhor iria ganhar sobre meu serviço, pertencia a ele, mas iria trabalhar para outro senhor em outro local.

Chegamos a uma senzala e o lugar era úmido, escuro e sujo. Na chegada, fui amarrado a um tronco e açoitado com uma vara. Não contei, mas devo ter recebido umas 20 varadas nas costas. A dor era insuportável, lágrimas corriam em meu rosto e os gritos eram inevitáveis. Fui açoitado, assim como meus confrades que faziam parte da negociação, pelo simples fato de que o senhor queria mostrar quem mandava ali, e deixou claro que se o trabalho não fosse realizado à risca e aos seus contentos, o castigo se repetiria quantas vezes fosse necessário.

E logo deu-se início a mais uma etapa de muito sofrimento, com um trabalho árduo e sujo, tínhamos de carregar dejetos, estrume, lavagem e tudo quanto era porcaria humana e animal que possam imaginar. Era utilizado como um veículo de transporte para esses dejetos, um cheiro horrível, o líquido que escorria sobre meu corpo manchava e fedia minha pele, os capangas do senhor zombavam, denominavam-me "tigre" por causa das manchas de dejetos que sujavam meu corpo. O tempo não passava, o dia nunca acabava e, constantemente, o trabalho era árduo. Sentia muita fome e sede, o privilégio da alimentação era concedido apenas duas vezes por dia; e com o corpo novamente fraco e cansado caía por várias vezes, e em cada tombo sentia as chibatadas em minhas costas já calejadas.

Em meio a tudo, em alguns momentos era obrigado a ouvir os ensinamentos dos jesuítas, que pregavam sua palavra, que contradizia minha crença. Por outro lado foi bom, pois aprendi a falar o português entre outros valores que me acrescentavam e me foram úteis posteriormente.

Conhecimentos e moral nunca foram demais, são verdadeiras riquezas, tanto para o espírito como a matéria. Aquilo que aprendemos e inserimos em nosso ser ninguém consegue tirar, acompanha-nos eternamente. Alguns ensinamentos daquela realidade eram contraditórios à nossa crença, porém dávamos nosso jeito, com jogo de cintura, e nomeávamos os santos que os senhores nos obrigavam a cultuar com o nome de nossos sagrados Orixás e, assim, continuavam nossas adorações. Outros conhecimentos, como a linguagem e o idioma português, foram de grande importância, conseguia me comunicar melhor com todos. Em tempos difíceis a comunicação era importante e o conhecimento positivo, agir com sabedoria em situações adversas poderia nos salvar.

Certo dia, resolvi utilizar um pouco de jogo de cintura no trabalho, iniciei um diálogo com o capanga sobre meu trabalho. Ele me mandava calar a todo instante e ainda tomei algumas varadas, porém fui insistente. Apesar de tudo, realizava meu trabalho com muita garra e cumpria os objetivos diários, precisava parar, senão iria morrer doente e, no fundo, acreditava ser isso que eles queriam, pois já estava debilitado e cego. No dia anterior, ouvi o senhor falando que precisavam de mão de obra para a lavoura açucareira, aproveitei aquela oportunidade, era uma chance de sair daquele serviço imundo. Falava repetitivamente que em minha terra cuidava de hortas, e, como podiam ver, trabalhava arduamente e poderia ser mais bem aproveitado na lavoura ao invés de ali padecer. Aliás, ainda levei mais algumas varadas, enquanto me mandavam continuar o trabalho; ao final da noite voltei para a senzala, estava exausto e machucado.

Com a graça de Zambi, quando acordei no dia seguinte ouvi o senhor que tomava conta daquele lugar falando com os capangas e tramando algo. O senhor disse que iria até meu locatário para negociar minha compra, iria me deixar uns dias trancafiado na senzala e iria dizer que estava doente, uma hora ou outra acabaria morrendo, e que ele se interessava em utilizar a mão de obra até o fim para serviços domésticos. Fiquei apreensivo sem saber ao certo qual seria meu destino.

Ouvi rumores de que o senhor executou o plano como combinou e acabou me comprando por um baixo valor. Desse dia em diante, não fui mais carregador de dejetos, porém o senhor falava aos capangas, para dar jeito em mim, saindo logo de lá, pois em hipótese alguma deveria levantar suspeitas da trama.

Então fizeram comigo um novo processo de tratamento para o restabelecimento, muito milho e pedaços de carne com gordura foram servidos mais vezes ao dia, e mais água também. Logo que me recuperei fui negociado, dessa vez para trabalhar na lavoura, o valor aumentou, e o senhor pediu para avisar a quem interessasse que eu havia morrido. Mas fui levado de madrugada por homens até uma pequena embarcação para outro lugar.

Nessa vida de escravidão nada era fácil, entretanto consegui agir com inteligência e me mantive vivo, e mais, consegui sair daquele trabalho que prejudicou minha saúde durante tanto tempo, estava me matando aos poucos. Em alguns dias uma nova fase começaria e, no trajeto, me preparava para o campo de batalha mais forte e com mais firmeza.

Ordem e Direção na Senzala

Fiquei muito comovido em vivenciar a história do Preto-Velho. Era uma sensação de troca de identidade, uma energia que se misturava, não sabia identificar quem era quem, onde começava ou terminava!

Idêntico a uma incorporação na matéria, porém com uma intensidade única.

Logo começou a me contar sobre seus direcionamentos na nova senzala, foi incrível...

Após alguns dias de viagem marítima, minha transferência para outro estado brasileiro foi concluída. Foi uma viagem rápida, no entanto o desconforto e sofrimento foram praticamente os mesmos de quando cheguei ao Brasil. Porém, dessa vez, como fui negociado como escravo de lavoura, os tripulantes forneciam mais alimentos e água para que meu corpo não padecesse, a parte física deveria estar preservada para o trabalho que iria desenvolver na lavoura e no engenho.

Apenas um testemunho do autor, aqui neste fragmento da projeção: o Preto-Velho informou que não gostaria de dizer as posições geográficas exatas por onde ele passou em Terra, depois de sua estadia no Rio de Janeiro, nem seu nome quando encarnado, disse que realmente valeria a pena para os filhos a história por ele transmitida e esperava que servisse de exemplo e lição para os filhos de fé.

O Preto-Velho prosseguiu...

Talvez, se os filhos de fé soubessem os locais por onde passei com exatidão, poderiam levantar as informações de quem fui quando encarnado e meu nome histórico, mas não quero que isso aconteça. É importante que saibam: naquela realidade, fui apenas um homem negro, simples, tive uma vida sofrida, é o que importa para mim e para os filhos de fé, pois vivenciei os sete sentidos da vida com o objetivo de me manter vivo em minha jornada e evoluir espiritualmente.

Chegando ao porto marítimo, fui encaminhado juntamente com os demais confrades para uma grande casa, o tamanho dela me surpreendeu. Bem perto havia uma senzala, em frente um pelourinho (tronco para castigos), mais adiante uma capela e muitas terras de plantio a alguns quilômetros ao redor.

O senhor proprietário da grande casa e das terras aparentava muita seriedade em seu rosto. Era de poucas palavras, usava vestes grã-finas e demonstrava ter muito poder material, vários capangas o acompanhavam para sua proteção.

Cheguei ao anoitecer e o senhor pediu para os capangas me levarem, e também meus confrades, até a senzala, pois o trabalho na lavoura e no engenho começaria logo pela manhã.

Chegando à senzala, deparei-me com um verdadeiro campo de terror, de fato o lugar era bem grande e centenas de confrades já estavam lá, muitos deles bem esgotados e machucados. Observando aquela cena, um calafrio tomou conta do meu corpo, reconheço que fiquei com muito medo e pensei:

– Saí de um inferno para entrar em outro pior.

Mas, no mesmo instante que congelei, um sentimento diferente se apossou do meu ser, sentia-me forte e uma voz me falava na cabeça que tinha uma missão naquele lugar: a de ajudar meus confrades. Estava exausto e logo adormeci deitado no chão de terra batida em meio àqueles confrades.

Naquela madrugada, antes do amanhecer e de os capangas chegarem para dar início aos trabalhos, alguns confrades acordaram e, no mesmo instante, me chamaram junto com os demais. Logo percebi que tramavam algo, uma fuga da senzala. Alguns desses confrades eram mais rebeldes, já acorrentados, e outros, mais obedientes ao senhor, não estavam acorrentados. Estes tentavam aconselhar os rebeldes, os mansos falavam continuamente que não valeria a pena uma nova investida de fuga, pois já haviam tentado uma vez e, por consequência, levaram 50 chibatadas no pelourinho como castigo inicial.

Éramos recém-chegados e estávamos nos inteirando dos fatos naquele instante. Os rebeldes estavam bem alterados e revoltados, com muita sede de vingança, e queriam a todo custo sair daquele lugar.

Sabia que a missão era bem difícil de ser realizada, pois os capangas (feitores) da fazenda ficavam na espreita, sempre de olho. Entretanto havia as brechas e as chances de fuga, já que os capangas hora ou outra dormiam, e se os rebeldes pudessem contar com a ajuda dos mansos daria para fugir, pois a estrutura da senzala não era das melhores, feita de madeira e barro. Com um pouco de trabalho coletivo poderíamos escapar.

Em meio àquela euforia de concordar ou não com os rebeldes, aconteceu algo. Senti uma energia muito forte e ordenadora, meu estado de consciência parecia alterado, comecei a dizer algumas palavras estranhas sobre Zambi e nossa religiosidade. Os confrades mais próximos mandavam-me parar com aquilo, pois o senhor não permitia a manifestação religiosa de nosso povo. Mas as palavras saíam espontaneamente e direcionavam meu povo aos caminhos da fé.

Não demoraram muito, os feitores chegaram armados em meio àquela euforia, me pegaram, levaram-me ao pelourinho, parecia que estava em transe, não tive reação alguma. Os confrades gritavam revoltados. Logo me amarraram no tronco e a tortura começou. Uma força me envolvia e, sem explicação, não senti dor nem medo, nem gritei com as mais de 50 chibatadas. Os feitores ficaram com raiva, pois pensavam que eu não sofria com a punição imposta.

Depois do castigo, juntei-me com os confrades e fomos enviados para o trabalho na lavoura de cana, escoltados pelos feitores armados. Era uma caminhada de mais de um quilômetro para chegar ao campo. Na trajetória, sentia aquela força que me envolvia. Em meio ao trabalho os confrades ficavam me olhando de uma forma diferente, naquela hora não soube decifrar se os olhares eram de respeito ou de repulsa pelo fato ocorrido, não falavam comigo porque eu estava isolado dos demais e com um feitor sempre próximo.

O sol havia se posto no horizonte, o dia estava terminado, e depois de muitas horas trabalhadas voltamos para a senzala sob a escolta daqueles feitores.

As negras prepararam um caldeirão de feijão, era a única refeição daquele dia. Estava morrendo de sede também, fui me lavar na barrica de água e bebi daquela água mesmo, vivia uma situação totalmente desumana. Para ter ideia, as latrinas (fossas) eram próximas às barricas de água e cheirava a podridão.

Depois de alimentar-me até pelo nariz, afinal a fome era grande, antes de dormir, os confrades da senzala estavam mais calmos e muitos queriam me tocar. Pediam por auxílio espiritual. Caí na realidade e, com os gestos dos confrades, percebi que havia me tornado uma espécie de líder religioso da senzala, um direcionador dos confrades. Não me senti bem nem mal com a situação, apenas deixei acontecer. Com essa energia que me envolvia e na força de meus espíritos ancestrais fui me aconselhando e direcionando para aquela senzala com muita fé. Por consequência, comecei a agir com inteligência e fazia tudo às escondidas e com discrição para evitar um novo açoite dos feitores.

Mesmo exausto, mas sem sono, fiquei observando meus confrades com muita tristeza em meu coração. Vendo o sofrimento de todos, tomei a decisão de assumir minha posição de líder e, na força da fé, do conhecimento e da ordem, dei início em minha mente a um planejamento de fuga. Pensei em cada detalhe e como iria liderar tal façanha. Desejava que tudo ocorresse tranquilamente e nenhum confrade fosse apanhado, pois tinha consciência de que o castigo seria cruel desta vez. Mas não podia mais admitir aquela situação e precisava fazer algo para salvar meu povo, mesmo não sabendo se estava agindo de forma correta naquele momento, e um sentimento de dúvida me corroía por dentro. Porém precisava salvá-los de alguma forma, a força espiritual que me amparava e envolvia meu ser parecia mover-se naquele caminho, então planejei a grande fuga durante toda a noite.

Acordei os confrades e observei que os feitores adormeceram, expliquei a trama, direcionando cada um a suas funções e que o plano entraria em ação no dia seguinte durante a noite em momento oportuno, logo que os feitores viessem a dormir.

A princípio os confrades estranharam minha atitude e meus planos, mas logo aceitaram. Mesmo todos estando com muito medo, a força de vontade de acabar com aquele sofrimento e a esperança de liberdade eram muito maiores que qualquer sentimento de medo! Meu único pedido aos confrades foi para que ficassem focados no sentimento de liberdade e não de vingança para com os feitores, o plano era sair dali e não machucar absolutamente ninguém.

Estávamos muito perto, faltava apenas um dia de trabalho e algumas horas para entrar em ação. Estávamos prontos para o campo de batalha, para conquistarmos nossa tão sonhada liberdade e trilhar os caminhos da vida.

O Dia da Grande Fuga

Finalmente havia chegado o grande dia, o sol apontava no horizonte e os feitores abriram a senzala. Então partimos em caminhada para a lavoura, uma tensão pairava no ar, mas estávamos munidos de confiança, fé e amor uns para com os outros.

Aquele longo dia parecia não terminar, não podíamos demonstrar nenhuma euforia para não levantar suspeitas, e assim transcorreu o dia de trabalho na lavoura.

Em momentos oportunos, alguns confrades estavam encarregados de pegar algumas ferramentas de pequeno porte e escondê-las em meio às vestes, qualquer coisa que conseguíssemos seria útil no momento da fuga durante a noite.

O sol começava a se pôr, estava chegando o grande momento e logo voltaríamos à senzala. Chegando, os confrades que conseguiram alguns tipos de ferramentas as esconderam em meio às palhas, as quais ficavam no chão de terra batida e que utilizávamos para deitar em cima, em seguida nos lavamos como de costume e não fizemos nada que não fosse cotidiano, logo nos deitamos para o repouso noturno.

Fiquei de olho aguardando os feitores adormecerem profundamente, tinha de ser rápido no alerta e agir com discrição para com os demais confrades, pois tínhamos dois grandes problemas: o primeiro era soltar as correntes dos confrades mais rebeldes e o segundo seria terminar um buraco que iniciamos na noite anterior para atravessar uma parede lateral até a senzala. Estrategicamente esse buraco saía bem em frente a uma barrica de água que ficava do lado externo, dificultando a visão dos feitores.

Zambi estava ao nosso lado, os feitores que estavam de sentinelas naquela noite pegaram no sono rapidamente, então fiz o alerta aos confrades e logo iniciamos os trabalhos com o maior silêncio possível.

Um grupo começou a escavar o buraco e outro ajudava os confrades acorrentados, outros ficaram de olhos abertos observando os feitores.

Naquele momento, uma emoção tomou conta da senzala, era um sentimento de amor familiar uns para com os outros. A fuga não estava sendo encarada como algo negativo, até porque queríamos apenas nossa liberdade, poder viver de forma humana.

Existia um quilombo (refúgio dos escravos) a quilômetros da senzala em mata fechada. Um de nossos confrades havia pertencido àquele quilombo, mas infelizmente fora recapturado quando tentava fazer negociações de vestes em terra de brancos, ele seria nosso guia até o quilombo.

Concluímos o trabalho e o momento crucial havia chegado. O guia saiu primeiro e observou que a alguns metros, na lateral da senzala próximo ao nosso ponto de fuga, havia um feitor, mas graças à luz divina ele também estava dormindo. Adormeceu com sua arma em mãos. Então saímos em fila indiana, um a um, e seguimos com muita velocidade o guia.

Depois de muita correria e de ter atravessado toda a lavoura estávamos exaustos e com sede, o sol já estava iluminando nosso caminho e a fuga só estava começando.

Chegamos à beira de uma mata fechada com grande extensão, senti que seria a parte mais difícil daquela jornada e não poderíamos parar, pois àquela altura os feitores e os capitães-do-mato, sem sombra de dúvidas, já estavam em nossa retaguarda.

Adentramos a mata fechada e daquele ponto para a frente já não havia como correr, o trajeto era mais lento e sem recursos para abrir a mata, tínhamos de ir nos desviando dos obstáculos o mais depressa possível, pois na mata os capitães-do-mato levavam vantagem por terem facões, armas e trajes apropriados para nos perseguirem.

Estava exausto, assim como os demais confrades, um ou outro já não aguentava mais a caminhada. A sede e a fome eram absurdas e as pernas não respondiam direito, alguns confrades foram ao chão e, com muito amor, os que ainda tinham forças os carregavam no colo.

Durante aquela jornada, nosso confrade guia se confundiu e não se recordava do caminho, tivemos de parar. Ele tentou se localizar em meio à mata, alguns entraram em pânico, pois ouvíamos barulhos, havia muitos animais, aves e insetos naquele lugar e o medo de sermos capturados era grande. O castigo para mim e alguns rebeldes seria a morte, e para os outros, mais de 100 chibatadas, muitos morreriam no castigo também.

Com firmeza e determinação, reuni aqueles irmãos e os alertei no campo da fé, do conhecimento, da ordem e do amor, pois sem esses sentidos não sairíamos vivos daquele lugar. Graças a Zambi e a Oxalá, os confrades se acalmaram e consegui falar com o guia. Institivamente coloquei uma mão em seu coração e a outra em seus olhos, pedi que se tranquilizasse e tentasse recordar o caminho em nome dos espíritos de nossos ancestrais, e então ele virou, olhou por toda a sua volta e gritou em um alto e bom e som: – É por aqui! – E continuamos nossa trajetória aos trancos e barrancos, seguindo em frente a caminho do quilombo.

Eu e alguns confrades conseguimos alcançar nosso destino, outros não tiveram a mesma sorte. Chegando ao quilombo, encontramos outros confrades que há tempos já estavam lá e tinham um líder negro que nos recebeu e nos aceitou.

Abrigando-me naquele esconderijo, segui em frente, dia após dia, continuando minha jornada material e espiritual, porém, após alguns anos, fui acometido por uma doença, vindo a desencarnar, e finalmente retornei ao meu verdadeiro lar, a pátria espiritual.

Aruanda: a Pátria Espiritual

Fiquei comovido com o momento do desencarne do escravo que, posteriormente, alcançaria níveis elevados de evolução no plano espiritual e se tornaria um acolhedor, um Preto-Velho em sua falange espiritual.

Nestas últimas palavras do Preto-Velho durante meu desdobramento fiquei muito emocionado, também sabia que aquele momento mágico de sensações ímpares estava terminando.

Zambi deve ter ouvido meu clamor e ter acompanhado atento tudo por que passei e superei em vida; sem dúvida levou em consideração minhas escolhas no plano físico.

No instante de meu desencarne, fui acolhido por senhores negros, tive um lapso e não reconheci nenhum deles, mas me sentia confortável em estar amparado por aqueles senhores.

Naquele curto espaço de tempo ainda não tinha consciência do desencarne e acreditava seriamente que ainda estava vivo, bem! Estava mesmo, não é? Em espírito é que estamos verdadeiramente vivos, "risos".

Vivo em espírito, vivo de verdade! Tive a consciência plena de que a vida material não passava de uma ilusão necessária, estava adormecido na matéria, de certa forma semiconsciente em minhas ações e atitudes, sei que cometi muitos erros infantis, mas nas dificuldades da matéria acertei também.

Certamente quais eram os critérios ainda não entendia, mas estava em Aruanda! Um lugar maravilhoso o qual não saberia explicar precisamente com palavras.

Entretanto, para resumir, pois não quero tomar muito mais o tempo do filho, aquela dimensão espiritual tinha tudo de que eu precisava para decantar meus erros e compreender minhas transições de vidas, com isso me tornar um ser melhor.

Considerei Aruanda uma pátria perfeita para se viver espiritualmente e muitos que lá estavam me diziam que toda aquela dimensão teria sido criada pelo próprio mental e energias de seus próprios habitantes, tinham grande afinidade energética entre si. Fiquei feliz em saber que minha consciência estava em paz e com isso havia me levado de forma inconsciente para Aruanda.

Em Aruanda consegui aprender mais, decantar erros infantis, recomeçar uma nova jornada e aprimorar meus bons sentidos da vida, purificar o que ainda estava negativo em mim.

Encontrei amigos, descobri e relembrei meus ancestrais, aqueles que me acolheram no momento de minha partida e, com tudo que aprendi e aprimorei, resolvi ajudar os seres ainda encarnados. Em minha mente havia uma necessidade muito grande de auxiliar o próximo para que as atrocidades que fizeram comigo e com meu povo terminassem.

Eu não guardava ódio e muito menos rancor, porém queria ajudar de alguma forma os habitantes do plano material.

Foi então que, através de um grupo de estudos e aprimoramento, tomei a decisão final de me unir aos confrades, que por sinal possuíam muitas afinidades. Assim, dei início a mais uma jornada evolutiva, dessa vez mista, metade no plano físico, auxiliando os filhos encarnados, e outra metade no plano espiritual, onde vou aperfeiçoando minhas qualidades constantemente e obviamente repassando aos filhos encarnados.

O Despertar Sonambúlico

Nas últimas palavras do sábio Preto-Velho, senti uma emoção grandiosa, e foi onde meu transe sonâmbulo me despertou.

Só sei dizer que minha vida mudou após ouvir, sentir e vivenciar essa história do Preto-Velho que, posteriormente, em transes mediúnicos revelou seu nome, Pai Izaquias, Preto-Velho este que me assiste até hoje.

Sempre que penso em desistir e que estou para baixo, procuro lembrar-me dessa vivência que tive com o Pai Izaquias, e funciona como se fosse uma injeção de ânimo para continuar.

Aprendi que, independente de nossas condições materiais em qualquer campo e sentido da vida, somos nós que tomamos as decisões e direcionamos os caminhos, são essas escolhas que nos levaram à evolução ou à involução espiritual. Aprendi a respeitar o próximo e nunca julgar, pois cada um tem sua verdade, suas escolhas e seu tempo.

Sem dúvida nossos guias são maravilhosos, vivenciando a história do Preto-Velho senti que esses guias saem de Aruanda e vêm até nós por amor, com isso prestam a verdadeira caridade, orientando-nos e auxiliando a superar nossos erros infantis.

A Pré-Escola para a Fundação

Depois daquelas instruções do Senhor Tatá Caveira e de minha vivência com o Preto-Velho no astral, todo o grupo ficou apreensivo, um sentimento natural de todo ser humano. Não conseguia entender naquela época como um terreiro poderia ser desfeito, aqueles médiuns trabalhadores não mediam esforços para atender com amor, humildade e seriedade às pessoas que os procuravam, uma casa que crescia no conceito de seus frequentadores, conduzidos pelos valores éticos e morais e sempre conservando os princípios da caridade.

Meus irmãos e minhas irmãs fraternos estávamos apenas iniciando algo que a princípio considerávamos que iria crescer e gerar frutos.

Após 14 dias das orientações do Senhor Tatá Caveira, dois fatos ocorreram para nosso grupo de trabalhadores.

Dentro dos sete primeiros dias, o grupo havia sido informado pelo proprietário da casa alugada, pai de meu amigo irmão, que a residência precisaria ser desocupada, pois seria alugada.

Na segunda semana, após a última manifestação do Senhor Tatá Caveira e do meu contato espiritual com o Preto-Velho, um irmão espiritualista apareceu no humilde terreiro "dos fundos", muito entusiasmado, fazendo um convite ao grupo. Disse que havia conhecido uma casa umbandista, que era pequena também, mas havia nela uma energia muito salutar e acolhedora. Ressaltou que os trabalhos ocorriam três vezes por semana e o próximo seria no dia seguinte.

Sem pensar muito, em comum acordo, o grupo aceitou o convite e logo demos início a um diálogo para combinar a visita àquela casa.

Nessa região em que eu morava, os terreiros tinham o hábito de realizarem trabalhos de Exus para neutralização de energias negativas, limpeza e outras atividades, sempre no último dia de gira de cada mês.

Na sequência, fomos conhecer o terreiro e observamos ser uma casa convencional, pequena, adaptada para atender os consulentes umbandistas.

Havia quartos, sala, cozinha, banheiro e um quintal coberto, onde os consulentes aguardavam para receber passes e consultas.

A vertente daquele terreiro era mista; a casa realizava trabalhos dentro de Umbanda Branca misturado com a Umbanda Esotérica, e também não havia atabaques.

Naquela noite, a casa estava lotada de consulentes e médiuns. Os trabalhos foram iniciados, não demorou muito para que o dirigente daquele local percebesse minha mediunidade.

Rapidamente o dirigente me chamou e o atendi prontamente, iniciou-se um diálogo surpreendente, com muita objetividade e clareza disse-me:

– O filho já é trabalhador de Umbanda, não é?

– Sou sim, meu Pai, já trabalho há vários anos, pois comecei muito cedo.

– O filho tem mentores espirituais de muita elevação e luz, que estão sempre ao seu lado, sabe que tem uma missão muito bonita aqui, não é?

– Já ouvi várias vezes, meu Pai, e tenho feito minha parte ajudando as pessoas, fazendo uso de meus dons mediúnicos, e acredito que isso seja uma grande missão.

O dirigente reafirmou com veemência:

– É sim, meu filho, uma grande missão, só que a sua vai além disso, seus mentores estão empenhados nesta missão. O filho terá grandes responsabilidades em um futuro breve, mas ainda terá de ser lapidado, assim como um diamante, e então irá entender o porquê de tudo, filho.

Fiquei um pouco apreensivo, respondendo:

– Sim, meu pai, a vida não é nada fácil, mas gostaria de entender melhor tudo isso, estou muito ansioso, mas está bem claro, meu pai, é com as pancadas da vida que aprendemos mais e mais, "risos".

– Sim, meu filho, as provas e as expiações vêm para a evolução e fortalecimento espiritual, seus dons vieram para ajudar e ensinar as pessoas.

Em meu íntimo buscava por respostas mais profundas, e prossegui:

– Sim, meu pai, sempre fui fiel servidor seguindo este caminho. Por muitos anos trabalhei em um terreiro, acreditei que poderia ficar até meu desencarne, mas não foi assim que aconteceu, houve a necessidade de romper os trabalhos do primeiro grupo onde iniciei. Logo começamos um trabalho pequenino em uma casa como esta, mas também não deu certo, muitas vezes fico questionando que missão tão importante é essa que o plano espiritual vive falando e que nunca chega!

Muito tranquilo, o dirigente respondeu:

– O filho tem de ter paciência, procure sempre meditar e refletir para que o mal atrapalhe o mínimo possível sua trajetória, porque missão igual à sua as forças do mal tentam derrubar a todo instante, então o filho tem de ser vigilante e ter muita calma, mais adiante irá entender tudo isso e ainda vai escrever um livro contando essa história, "risos".

– Eu confio em suas palavras, meu pai, pois não fogem do que já ouvi de mentores espirituais, só que agora estou sem rumo e sem trabalho, a casa que estava tentando locar foi alugada e não tenho caminho, meu amado pai.

Bondosamente, o dirigente respondeu:

– O filho agora vai passar um tempinho aqui conosco, depois os caminhos irão se abrir para dar início à sua missão aqui na Terra. No próximo trabalho já poderá vir de branco juntamente com seus irmãos para nos auxiliar.

Senti-me felicitado por aquelas palavras e prontamente respondi:

– Aceito o convite, pai, estarei aqui até quando Olorum permitir e quiser.

O dirigente, com muita clareza e objetividade, finalizou:

– Será por pouco tempo, meu filho, sua missão sacerdotal vai te levar para os caminhos corretos, esteja sempre firme e preparado, até porque ninguém sai de um terreiro sem motivo, não é, filho? Tudo acontece como deve ser, é sempre por bem ou por mal, pelo amor ou pela dor, acontece para direcionar o filho, lembre-se sempre dessas palavras.

Saí empolgado com as notícias, logo transmiti as informações a todos os membros do grupo, que ficaram ansiosos para iniciar os trabalhos naquele terreiro.

Na semana seguinte iniciamos os trabalhos com muito afinco, três dias por semana; ajudávamos como podíamos, sempre com muito amor.

Não demorou muito, com passar do tempo a casa começou a atrair muitas pessoas: além daquelas que já estavam acostumadas a me seguir, vieram outras também, que para o grupo eram desconhecidas. Dessa maneira, o espaço de trabalho passou a ficar pequeno, diante disso um novo caminho começou a surgir.

A Migração Estrutural

Aquele terreiro começou a ficar pequeno pela quantidade de pessoas que passaram a frequentá-lo, em especial um dia da semana a casa transbordava de médiuns e de assistentes.

Curioso observar os hábitos e a maneira como o dirigente administrava aquele terreiro. A cada dia da semana um dirigente espiritual diferente conduzia os trabalhos, uma forma não muito convencional.

Em uma bela noite de gira, o dirigente dos trabalhos de quinta-feira me chamou e prontamente o atendi. Era o dia que mais lotava, então ele disse que não dava mais para ficar naquela casa, pois a lotação gerava desconforto para todos, em decorrência do pouco espaço que a casa proporcionava, e já estava na hora de ser fundado um novo terreiro.

Arregalei os olhos assustado com a notícia, a seguir veio à tona a lembrança da anunciação de minha missão. Naquele momento, perpassava em meus pensamentos se realmente aquela seria a hora em que eu teria de assumir tal responsabilidade, conforme os mentores haviam mencionado em outras ocasiões.

Meus pensamentos estavam frenéticos e logo o dirigente pediu ajuda:

– O filho pode me ajudar no processo de fundação desse novo terreiro?

Não pensei duas vezes:

– Claro que posso, Pai!

– Sei da experiência do filho, pode me auxiliar muito nesta nova jornada, tanto nas documentações exigidas pelas leis da Terra quanto na estruturação do terreiro.

Humildemente respondi:

– Minha experiência vem de uma única casa e de uma única vertente que é a Umbanda Branca, se puder ser dentro do que aprendi até o momento, ajudo sim, Pai.

– A partir de amanhã poderá começar organizando os papéis e procurar um local para o novo terreiro.

Confiante, respondi:

– Que assim seja, meu Pai!

Como prometido, no dia seguinte acordei cedo e comecei a fazer os primeiros rascunhos do estatuto para o regimento interno daquele novo terreiro.

Naquele mesmo dia, à tarde, saí com alguns irmãos de fé à procura de barracões para a instalação do terreiro; na sequência, marquei uma reunião com os membros que seriam os fundadores do novo terreiro, para organização e estruturação inicial.

Mas algo me incomodava, meus mentores espirituais estavam falando constantemente que eu me preparasse para essa nova fase de aprendizado estrutural e organizacional.

Reconheço, fiquei pensativo, já que as informações não estavam direcionadas à missão que tanto me falavam. Imediatamente pensei no terreiro que estava por vir, ainda não seria o terreiro preparado espiritualmente para minha missão, no entanto seria uma grande oportunidade para aprender e fortalecer minhas raízes, como administrar e gerenciar um templo sagrado.

Não estava errado na maneira de pensar, o leitor entenderá melhor no transcorrer da leitura.

Tudo foi organizado com muita presteza, o barracão foi encontrado e alugado, toda documentação formalizada em cartório, fui o cofundador daquele terreiro juntamente com alguns irmãos de fé.

Após uma bela reforma comunitária o barracão ficou pronto, o terreiro começou seus atendimentos, também dentro da vertente Umbanda Branca, com trabalhos de cura, trabalhos semanais nas linhas de Pretos-Velhos, Caboclos, e na última gira do mês era de praxe manifestar Exus e Pombagiras para neutralização das energias negativas. Não havia atabaques nem pontos cantados no terreiro, pois foi fundado dentro dos padrões da Umbanda de Cáritas.

Em pouco tempo de trabalhos naquele terreiro, passei a ter contato assíduo com dois mentores espirituais que vinham direcionando meu caminho, o Pai Peri e o Senhor Exu Tatá Caveira.

Em poucos meses o terreiro cresceu além do esperado, mais de 180 médiuns; a média semanal era de 300 assistentes. E com isso, infelizmente, começaram a ocorrer alguns problemas internos.

Em decorrência daqueles conflitos, após cinco anos de trabalhos, saíram vários médiuns da corrente, o que deixou todo o restante do grupo entristecido.

Quando um terreiro é formado, uma família espiritual também se cria, a corrente mediúnica acaba fazendo parte da vida de cada integrante, e quando os irmãos saem é claro que há um sentimento de tristeza e desolação que toma conta dos amigos da casa.

É natural esse tipo de acontecimento; com isso a religião também cresce, as pessoas aprendem novos valores, fundam novos terreiros, pois sempre há uma justificativa para cada um dos irmãos decidir sair de um terreiro, como já foi dito, por bem todos ficariam onde estão, pois não haveria motivos para sair. Existe claramente um processo espiritual por trás de toda modificação e reestruturação de um terreiro, inclusive das decisões de saídas de irmãos da corrente mediúnica.

Logo que aquele grupo saiu, fundou um novo terreiro na cidade, fiquei muito contente em saber que meus amigos de corrente estavam bem e com uma nova casa de caridade umbandista.

Essa história não parou por aí. Quando pensei que tudo estava em plena harmonia, algo aconteceu novamente para abalar as estruturas, testar a paciência, a coragem e a capacidade de recomeçar.

Mais de três anos se passaram após as últimas mudanças no terreiro, e novos conflitos internos surgiram. Naquele momento vi que realmente minha missão havia se encerrado naquele lugar.

Nas últimas semanas que antecederam minha saída, eu já havia sido orientado por diversas vezes por meus mentores espirituais que estava chegando o momento de minha verdadeira missão se iniciar.

Muito descontente, assim como meus irmãos que saíram antes de mim, também me desvinculei do terreiro do qual era cofundador para seguir meu caminho.

Pensei em "pendurar as chuteiras" e, àquela altura dos acontecimentos, acabei esquecendo que tudo acontece por uma razão, um propósito baseado nas Leis Divinas.

É próprio do ser humano, nos momentos de conflitos e dores, sermos tomados pela tristeza e até mesmo pela descrença, e foi exatamente isso que aconteceu comigo naquela época.

Um Passo Fora da Umbanda

Após o desligamento do último terreiro do qual fui um dos cofundadores, fiquei algumas semanas sem rumo em minha vida espiritual, sem saber o que fazer, qual caminho seguir, pensei inúmeras vezes em "pendurar as chuteiras", afinal já havia alcançado muitos anos de jornada mediúnica e sentia-me desgastado por muitos conflitos e mudanças ocorridas durante minha trajetória.

Mas nunca me esqueci das palavras que ouvi no passado de meus mentores, sobre minha missão na Terra. Talvez essas lembranças que me impediram de desistir, todas as vezes que era preciso recomeçar os trabalhos em outro terreiro. Mas, diante de todos os percalços ocorridos, havia dentro de meu coração uma fagulha que me dizia: "minha missão terrena estava prestes a se iniciar".

Não demorou muito para que eu sentisse falta do contato espiritual, de incorporar ou de simplesmente ajudar de alguma forma, não importando a maneira, pois quem reencarna com um propósito e não o pratica, um vazio interno começa a se fazer presente e parece que nada tem direção, era exatamente como eu me sentia.

Mesmo perdido espiritualmente, havia dentro de mim uma luzinha, mostrando-me esperança, só deveria descruzar os braços e seguir à luta.

Meus pensamentos seguiam ao longe, de repente resolvi iniciar uma peregrinação por vários terreiros de vertentes diferentes e também conhecer outras religiões.

Durante minha trajetória mediúnica, apesar de longa, só conhecia uma vertente de Umbanda, fiquei impressionado com as liturgias diferentes de outras vertentes.

Foi quando percebi o quanto esta religião era linda, vi que a Umbanda é uma religião de liberdade, na qual cada um é livre para expressar seu sagrado e sua verdade sem maiores problemas.

Observei também que as vertentes existem, mas que, na verdade, a Umbanda é uma só, somos nós que temos a liberdade de exercê-la de acordo com nossa verdade e crença.

Uma vertente em especial tocou meu coração e, aos poucos, foi se tornando minha verdade religiosa. Conheci a ritualística de Umbanda Sagrada em um terreiro de uma cidade vizinha.

Confesso que fiquei encantado com os fundamentos de Pai Rubens Saraceni (*in memoriam*), através de Pai Benedito de Aruanda e do Ogum Sete Espadas. Mas foram apenas algumas visitas realizadas àquele terreiro, ainda não havia definido meu destino.

Desanimado, sem saber que rumo tomar, parecia uma pessoa desorientada, daquelas que andam por todos os lados procurando algo sem encontrar.

Certa noite, resolvi ir a um centro espírita (mesa branca) de vertente kardecista que ficava próximo de minha residência, fui para conhecer os trabalhos, seu funcionamento e também receber um passe mediúnico.

Queria saber como era o trabalho do centro espírita "Mesa Branca", já que na vertente que havia trabalhado, por anos, muito se aprendia à base de Allan Kardec, e não propriamente os fundamentos de Umbanda.

Ao chegar naquela casa fui muito bem recebido pelo dirigente e todos os presentes, que prontamente me acolheram. Aquele dirigente já me conhecia e sabia de minha mediunidade, convidando-me para compor a mesa e fazer parte dos trabalhos daquela noite.

Fiquei muito surpreso com o convite; em um gesto positivo aceitei, sentei-me à mesa e, a princípio, fiquei observando tudo com muita resignação e curiosidade.

Enquanto aguardava o início dos trabalhos, ouvi algumas vozes conhecidas; ao olhar para trás me deparei com vários irmãos do terreiro em que havia trabalhado anteriormente.

O inesperado aconteceu naquela mesma noite; alguns irmãos de corrente que trabalhavam comigo em outra casa também resolveram aparecer naquele mesmo centro espírita para receber um passe mediúnico e conhecer os métodos utilizados, pois, assim como eu, eles também desconheciam como eram os trabalhos. O mais interessante foi que ninguém combinou de encontrar-se naquele centro, seria mais uma obra do acaso? "risos".

Uma música relaxante tocava ao fundo e uma luz verde clareava parcialmente aquele ambiente bem propício para a manifestação dos espíritos.

Os trabalhos tiveram início e logo senti a presença de um espírito que buscava auxílio. O dirigente da mesa percebeu, no mesmo instante se levantou, posicionou-se atrás de mim, estendeu suas mãos e me orientou a dar passagem para aquele irmão que precisava ser doutrinado.

Sem pensar, dei passagem para aquele irmão espiritual que sofria com seu desencarne e de fato precisava de auxílio doutrinário para seguir seu caminho em paz e confiante de que tudo ficaria bem.

O dirigente daquela casa fez a doutrinação com muito cuidado; as palavras utilizadas pelo irmão foram de suma importância para que o sofredor entendesse seu estado presente. Na sequência, pediu auxílio aos mentores espirituais mais elevados, também presentes na sessão espírita, que auxiliassem aquele irmãozinho e o levassem ao plano espiritual.

Logo depois, uma entidade espiritual com energia muito sutil, com o nome de Louriel, se aproximou e, através da psicografia, escreveu uma linda mensagem a todos que estavam presentes naquela sessão espírita.

Assim que a sessão foi encerrada, todos tomaram seus passes com um Preto-Velho, que havia se comunicado em um médium daquele centro espírita. O dirigente estranhou a manifestação do Preto-Velho, pois não estavam acostumados a trabalhar com essa linha, mas viu a necessidade, pois aquele Preto-Velho estava acompanhando o grupo de amigos presentes na sessão.

Todos se sentiram mais leves, elogiaram aquela sessão espírita. Após o término dos trabalhos, já do lado de fora da casa, mais precisamente na calçada, eu e meus amigos advindos do outro terreiro iniciamos um diálogo. Dessa vez combinamos de voltar no centro kardecista na semana seguinte para participar de mais uma sessão.

Durante a semana, os irmãos que assistiram os trabalhos daquele centro foram se comunicando uns com os outros, também recém-saídos do último terreiro, e se interessaram em conhecer aquela casa de oração que nos acolheu com muito carinho, e assistir a uma sessão espírita. Muito animados, confirmaram presença para a semana seguinte.

O Senhor Exu na Mesa Branca

Como combinado no decorrer da semana, eu e os irmãos umbandistas nos encontramos no centro espírita kardecista para mais uma sessão. O dirigente do centro novamente me convidou para sentar-me à mesa e participar da sessão mediúnica.

Como solicitado, gentilmente e no silêncio do meu coração, sentei-me, por incrível que pareça, na mesma cadeira da semana anterior. Alguns irmãos de corrente que foram àquela casa de oração, também a convite do dirigente, sentaram-se ao meu lado para participarem dos trabalhos daquela noite. Os demais ficaram logo atrás, na assistência em vibração e aguardando os passes.

As luzes fluorescentes foram apagadas e luzes suaves foram acesas, uma música relaxante começou a tocar, o dirigente da sessão leu um trecho do *Evangelho Segundo o Espiritismo* e deu início à sessão.

Não demorou muito para sentir a presença dos meus mentores espirituais, principalmente a do Caboclo Peri e do Preto-Velho, mentores que já trabalhavam constantemente comigo.

Logo em seguida, alguns médiuns da mesa começaram a psicografar, eram mensagens justamente de Pretos-Velhos e foram direcionadas ao grupo presente.

No decorrer dos trabalhos e de forma inesperada senti a presença do Senhor Exu Tatá Caveira, Exu que me acompanhava. Achei um tanto quanto estranho e preferi não dar passagem naquele momento, afinal estava em uma casa de mesa branca. Se eu aceitasse dar passagem ao Senhor Exu, o que as pessoas pensariam sobre aquela manifestação? Mal estavam acostumados com os Pretos-Velhos, "risos".

Para o meu grupo seria normal, pois Exu, quando precisa vir para trazer sua mensagem, vem em qualquer lugar, é um espírito iluminado, pratica somente o bem, assim como os outros, mas procurei respeitar as normas e a doutrina daquele centro espírita e dos trabalhadores daquele lugar que nos acolheram fraternalmente. Sendo assim, segurei-me para não dar passagem para o Senhor Exu, até mesmo porque poderia haver algum preconceito e naquele momento ainda me preocupava com isso.

Porém, o dirigente da sessão espírita percebeu que eu estava envolvido por um mentor espiritual e rapidamente posicionou-se atrás de mim e disse em voz branda:

– Deixe que ele se manifeste, meu irmão, se ele está aqui, é porque precisa transmitir algo, ele sempre será bem-vindo, não se preocupe.

Confesso que fiquei surpreso com as palavras do dirigente da sessão de mesa branca e, muito aliviado, obedeci sem pensar no que alguns frequentadores kardecistas poderiam pensar a respeito e permiti a vinda do Exu naquele instante.

Exu Tatá Caveira chegou com suas conhecidas e contagiantes gargalhadas, assim como no terreiro de Umbanda.

No mesmo instante, uma irmã presente na assistência que conhecia bem aquele Guardião, logo soltou algumas palavras, até meio que sem querer e em voz alta perguntou:

– O que o senhor está fazendo aqui? (Risos)

O Senhor Tatá Caveira respondeu:

– Oras, aqui é diferente de lá? Qual o problema que eu venha e transmita uma mensagem onde vocês estão? Ou vocês acreditam que tudo isso é por acaso? (Gargalhadas).

Naquele instante, todos voltaram sua atenção àquela cena. O Senhor Tatá Caveira informou que veio em seu "burro" (médium) para transmitir uma mensagem e que ele seria o responsável pela segurança e pela tronqueira[19] de um novo terreiro que seria fundado na Terra a partir daquele momento.

---

19. **Tronqueira**: Assentamento absorvente de energias negativas do terreiro, que fica geralmente na porta de entrada ao lado esquerdo e garante a estabilidade energética do terreiro nas forças astrais da esquerda.

Claro que todos arregalaram seus olhos e ficaram espantados com aquela anunciação.

O Guardião ainda disse em bom tom:

– Amanhã é um novo dia, amanhã o sol nasce mais uma vez e uma nova oportunidade surge para todos. Quando acordarem com o sol, busquem se organizar para a estruturação de um novo terreiro, o "burro" já passou pelo que tinha de passar, aprendeu o básico que deveria aprender e sabe mexer com os papéis. Vocês devem se unir e procurar um lugar que já está aguardando vocês chegarem, tudo está pronto no plano espiritual e logo o "penudo" (se referia ao Caboclo Peri, Caboclo de Penas, responsável hierárquico pelo novo terreiro na Terra) vai se manifestar para passar todas as informações necessárias, organizacionais e estruturais, de acordo com a cúpula de criação do novo terreiro.

Após as informações, o Senhor Exu se foi, eu tive um transe semiconsciente, naquela incorporação me recordava de algumas coisas, outras não, parecia um sonho. O dirigente da sessão me serviu água fluidificada e, logo que me restabeleci, fui informado pelos irmãos sobre a boa-nova.

Em um primeiro instante, fiquei pensativo e sem reação, pois já havia passado por situação semelhante e não havia dado certo.

Mas sentia em meu íntimo que daquela vez o peso da responsabilidade seria maior, já que no terreiro anterior eu era cofundador e, desta vez, o plano espiritual havia passado toda a responsabilidade de fundação para mim e para o grupo de irmãos que me acompanhavam.

Todas as situações ocorridas também começaram a fazer sentido, então notei que de fato nada era por acaso e que em tudo nesta vida havia um propósito, sem dúvida; mais uma vez contestei o acaso.

Senti na pele que não importavam as situações que vivenciamos, se eram boas ou ruins, todas elas tinham um propósito maior, naquele instante me despertei.

Encerrada a sessão, todos os participantes dos trabalhos daquela noite, harmoniosamente, se levantaram e despediram-se fraternalmente. Eu e meus irmãos nos dirigimos para a porta de saída e na calçada do centro espírita iniciamos um diálogo com certa empolgação.

No dia seguinte, comecei a rascunhar algumas ideias sobre o novo terreiro, logicamente que intuído pelos mentores espirituais. Os demais irmãos saíram à procura de algum lugar onde o novo terreiro pudesse ser constituído.

Estava empolgado pelas orientações recebidas dos mestres espirituais durante a noite anterior, e ao mesmo tempo ansiava para ver se o que havia sido anunciado para mim na adolescência iria se concretizar naquele momento.

Absorto, em meus pensamentos percebi que muitos fatos ocorridos em minha trajetória que foram vivenciados por muitos anos no passado, a maioria deles sem respostas, começaram a fazer sentido naquela época.

Acreditei que o início de uma nova missão no plano físico estava se elucidando diante de meus olhos e um novo terreiro de Umbanda, estruturado no plano espiritual, estava sendo posto em evidência.

O Templo Sagrado de Umbanda

Logo que recebemos a anunciação do plano espiritual de que teríamos todo o suporte para a fundação de um novo terreiro de Umbanda, começamos uma grande jornada de buscas para encontrar um barracão que pudesse receber a nova estrutura.

A princípio ficamos um pouco perdidos com tantas opções de espaços que encontramos na cidade, mas sabíamos que teríamos as intuições necessárias para optar pelo local correto e designado pelo plano espiritual. O próprio Senhor Tatá Caveira havia comunicado que o local adequado já estava à espera, estávamos confiantes de que iríamos encontrá-lo.

Seria mais fácil se houvesse uma nova psicofonia para direcionar com exatidão o local correto, como se referira à espiritualidade. Mas sabemos que nossos mentores espirituais não trabalham assim, eles não nos dão o peixe e sim a vara para pescar, "risos".

Sabemos que o plano espiritual atua de forma misteriosa e querem sempre que os encarnados busquem por seus ideais, pois toda dificuldade traz consigo o aprendizado e a evolução necessária para cada um de nós.

Fui informado por meus irmãos de fé sobre as diversas opções de barracões para fundar o novo terreiro e logo agendei as visitas para a escolha, ou melhor, para encontrar o local que o plano espiritual havia reservado.

Foram várias semanas, pois meus horários vagos eram restritos, em decorrência de meu trabalho. Visitamos várias localidades, mas nenhuma ainda havia conquistado nossos corações.

Por fim, uma irmã que fazia parte de nosso grupo, conversando com um amigo, informou-o da busca por um barracão para o novo terreiro. Aquele amigo, talvez já direcionado pela espiritualidade, disse que havia um barracão desocupado por uma oficina há poucos dias, que se nutria de uma boa estrutura física e boa localização para tal finalidade.

No mesmo instante a irmã foi até o local que se encontrava fechado, então, por uma fresta da caixa do correio do barracão, tirou algumas fotos com seu aparelho celular e posteriormente apresentou ao grupo que estava empenhado na busca do novo terreiro.

Fiquei desanimado no primeiro instante, pois o barracão estava bem deteriorado, precisaria de uma boa reforma, o que levaria tempo e dinheiro para fazer.

No mesmo momento em que a irmã fez a transmissão das fotos via aplicativo de comunicação para o nosso grupo, minha mãe me ligou e, surpreendentemente, falou sobre um barracão que havia visto em um jornal *on-line* de anúncios da cidade. Quando vi as fotos, percebi que se tratava do mesmo que havia sido fotografado. Naquele instante achei muita coincidência; através de minha intuição decidi ao menos ver o barracão.

E um detalhe importante: não havia mais opções, aquele barracão era o último a ser visitado, então disse aos irmãos de fé que não custava nada ver o barracão de perto, já que tudo direcionava a ele.

Chegando ao endereço, reconheço, fiquei chocado. Pensei e questionei como iria fundar um terreiro a poucas quadras de outro? E mais, justamente o terreiro que havia me acolhido quando criança; seria a ira do destino ou obra do acaso? "risos".

Bom, eu já estava lá mesmo, o proprietário do barracão com a chave, não demorou e o portão do barracão foi aberto.

Quando entrei, levei um enorme susto. O barracão estava de fato detonado, sem piso, sem pintura, várias partes na parede faltando reboco, havia também um mezanino sem piso na parte frontal superior, no geral a estrutura estava em péssimas condições.

Mas, para minha surpresa, quando dei o primeiro passo para dentro daquele local, senti algo incrível. Uma sensação de êxtase espiritual e, ao fechar os olhos, vi o local pronto! Imediatamente disse em voz alta:

– É aqui, achamos o lugar!

Alguns me questionaram com os seguintes dizeres:

– Mas será? Olhe como está isso, não tem condições de abrigar um terreiro e receber pessoas.

Em contrapartida, outros mais sensíveis mediunicamente apoiaram, pois tiveram a mesma visão que a minha.

Sem pensar, respondi com muita certeza:

– É perfeito! Já vi o lugar pronto quando fechei os olhos e, de fato, está pronto nas dimensões astrais, e o melhor, poderá ser reformado da maneira que os mentores espirituais já fizeram no plano astral, ficará como deve ser e como foi estruturado.

Sem concordar, muitos irmãos acolheram as informações, mas disseram que haveria um farto trabalho pela frente.

Esqueci tudo naquele instante, encontrava-me em estado de êxtase, graças à minha empolgação.

Logo marcamos uma reunião com todos os irmãos para efetuar a locação do barracão e entrar com as documentações necessárias.

Momentos depois, consegui entender muito bem o motivo de encontrarmos aquele barracão em estado decadente, pois sabia que poderia ser reformado exatamente como o plano espiritual queria. Mas não entendi naquele momento o porquê daquele terreiro ser tão próximo à Casa que havia me acolhido no passado, e fiquei com medo do outro terreiro, que também amava, apesar de não mais frequentá-lo, que surgisse a crença que eu estava fazendo uma "concorrência" ou algo do tipo. Mas não era de forma alguma minha intenção; no entanto confiei no plano espiritual e dei início aos trâmites legais para começar a fundação daquele terreiro.

A Estruturação do Templo

A reforma do barracão foi exatamente dentro dos padrões visualizados por nós nas esferas astrais. Fiz um rascunho da visão que tive do terreiro em um programa de edição de imagem e apresentei-o para o grupo de irmãos que me acompanhavam.

Todos gostaram muito do que viram, o congá[20] ficou muito bonito no desenho e tinha em sua estrutura as imagens de todos os santos sincréticos da religião que têm as mesmas qualidades dos Orixás cultuados na Umbanda.

A formação piramidal do congá com a imagem do mestre Jesus no topo representando as qualidades de pai Oxalá era formidável, e chamou a atenção pela beleza e pela força irradiante da fé.

O barracão estava em péssimas condições, não havia pisos, mas eu já havia visualizado toda a estrutura pronta e sabia que ficaria perfeito dentro da proposta espiritual.

Estávamos todos empenhados na fundação do terreiro e, conforme foram se passando os dias, fomos fazendo tudo que era necessário no templo sagrado. Em um dia de reforma, nós nos organizamos e fizemos uma grande faxina, para deixar tudo limpinho e organizado para o dia seguinte de obras.

Nesta mesma noite, em um determinado momento de bate-papo, o Caboclo Peri se manifestou através de mim, ele é o guia espiritual responsável pelo terreiro na hierarquia espiritual.

---

20. **Congá:** A palavra "congá" é de origem banto, é utilizada no ritual de umbanda para denominar o "altar sagrado" do terreiro. Esse altar é composto de imagens de santos católicos, Caboclos, Pretos-Velhos, e outros. O congá, normalmente, situa-se no fundo do terreiro, de frente para o público.

Caboclo Peri passou todas as diretrizes para a estruturação do terreiro com muita riqueza de detalhes e, logo que o Caboclo foi embora, o Exu Guardião Tatá Caveira também se manifestou e passou todas as coordenadas para a feitura da tronqueira e dos assentamentos de segurança do terreiro.

E como o barracão ainda estava sem piso, ficou mais fácil fazer os assentamentos do jeitinho que o Senhor Tatá Caveira orientou.

Todos nós estávamos empolgados e colocando a mão na massa para concretizar a fundação do novo terreiro.

Eu não tinha mais dúvidas de que o início de uma nova fase havia se concretizado, estava ciente de que seria uma nova jornada. Sabia também da grande responsabilidade que me cercava naquele instante, do quanto haveria de evoluir em meus estudos, da preparação para o sacerdócio e também desenvolver novos médiuns umbandistas dentro da religião.

Unidos no mesmo ideal, trabalhamos muito naquela reforma, tanto que, em poucas semanas, a base da estrutura havia ficado pronta e semiterminada. Os mentores espirituais já tinham outorgado o início das giras de Umbanda, onde poderíamos realizar alguns trabalhos espirituais naquele novo espaço, para que a espiritualidade em Terra também pudesse nos orientar. Em paralelo, fomos terminando o restante das obras e com mais tranquilidade.

A base do congá, que é força irradiante do terreiro, estava pronta, a tronqueira que é força absorvente também.

Fizemos um assentamento subterrâneo, bem no centro do espaço mágico do terreiro para melhor sustentar a segurança, bem como os Otás[21] que também foram alocados no congá a pedido dos mentores espirituais.

Com as forças devidamente assentadas, estava na hora de encerrar os detalhes da estrutura, firmezas e inaugurar as giras de Umbanda para toda comunidade.

---

21. **Otá**, **okutá** ou **okuta**: Nas religiões afro-brasileiras e afins, é uma pedra-fetiche. Pedra semipreciosa dos Orixás, podendo ser (seixo de rio), ou de outra parte da natureza, sobre a qual o axé (a "força sagrada") de um orixá é fixado por meio de ritos consagratórios, que constituem seu símbolo principal.

A Umbanda é uma Só

Antes de iniciar a reforma do barracão, sugeri um seguimento, ou seja, uma vertente para o novo terreiro, mas antes de narrar esta história é importante esclarecer ao leitor os diferentes significados da palavra "vertente".

Segundo o dicionário, vertente é adjetivo de dois gêneros: 1 – Que verte; 2 – A respeito de que se fala; que é objeto de discussão.

Vertente então é uma particularidade específica com determinada liturgia de trabalho fundamentada por alguém. E é claro que não existe uma religião que detenha a verdade absoluta, muito menos uma vertente dentro da religião.

Umbanda é uma verdade aos umbandistas que a praticam, assim como o Catolicismo é uma verdade para os católicos, e os cultos evangélicos, a verdade dos evangélicos, e assim por diante.

A Umbanda não é uma religião centralizada como o Catolicismo. Sua cultura religiosa foi disseminada oralmente, o que facilitou a segmentação da religião, por isso existem várias Umbandas dentro da própria.

Podemos citar dezenas de vertentes da Umbanda, por exemplo:

→Umbanda Sagrada;
→Umbanda Branca;
→Umbanda Kardecista;
→Umbanda Esotérica e Iniciática;
→Umbanda Omolocô;
→Umbanda Popular;
→Umbanda Guaracyana;

→Umbanda Aumpram;
→Umbanda de Síntese;
→Umbanda Eclética Maior;
→Umbandomblé.

Entre outras, são dezenas e dezenas de vertentes dentro da própria Umbanda, como eu já havia descrito na página 29 deste livro.

Vale a pena dizer que a Umbanda, apesar de suas vertentes, é única, uma religião brasileira anunciada e fundada por Zélio Fernandino de Moraes em 1908, no Rio de Janeiro, e tem seus fundamentos próprios. Por ser religião, só pode praticar única e exclusivamente o bem, que isso fique bem claro.

E como diz o mestre Alexandre Cumino: "Umbanda é como se fosse água e a religião nos dá a liberdade de colocá-la em copos diferentes". Provavelmente foi a melhor definição popular para o termo vertente dentro da Umbanda que já ouvi.

Até então, só havia participado de terreiros voltados ao Kardecismo, em minha região não havia terreiros de outras vertentes.

Aprendi muito sobre mediunidade, lendo e me aprofundando nas bases de Allan Kardec, porém o fundamento de Umbanda eu nunca havia estudado de forma mais profunda.

Os dirigentes das vertentes brancas e kardecistas das quais eu havia participado em minha jornada até aquele momento nunca permitiram que estudássemos e nos aprofundássemos em outras vertentes da Umbanda.

Como nada ocorre ao acaso e espero, por meio de minha vivência, desmistificá-lo, em meus bastidores estava lendo as obras de Rubens Saraceni para melhor entendimento sobre a Umbanda. Passei a me apaixonar pelos fundamentos ensinados por mestre Rubens. Como já havia dito, não existe verdade absoluta, porém, tudo que vivenciei, foram os fundamentos lógicos dentro de minha verdade.

A cúpula de espíritos que criou a base espiritual do terreiro e tinha em sua estrutura todas as vertentes, pois, para eles, não existia a parte material, sabia que dentro de nossos padrões evolutivos ainda precisaríamos das religiões como muletas para nosso aprimoramento moral e espiritual, contudo, na região onde eu residia, era carente em entender que a Umbanda, apesar de sincrética, tem fundamento próprio, sendo o melhor caminho para trazer essa informação à região sobre os fundamentos que foram apresentados por Pai Rubens e seus mentores espirituais, por Pai Benedito de Aruanda, por Ogum Sete Espadas e o mestre Seiman Hamiser Yê, entre outros.

A Umbanda que Pai Rubens apresentava acabou ficando conhecida como Umbanda Sagrada pelo fato de ser natural. O termo "Umbanda Sagrada" não era uma vertente, acabou se tornando de forma natural, já que Pai Benedito de Aruanda se referia à religião como natural e sagrada. Pai Benedito repetia várias vezes que a Umbanda era Sagrada e, com isso, o termo se tornou uma vertente, com fundamentos deixados em obras literárias do mestre Rubens Saraceni por seus mentores espirituais.

Sugeri, sob orientação de meus mentores, que o novo terreiro estaria fundamentado dentro da vertente de Umbanda Sagrada, um terreiro em que o estudo da religião seria aberto a todos para que os mitos e dogmas religiosos fossem quebrados. A religião seria também desmistificada por meio dos estudos e do plantio dele na comunidade.

Claro que também era minha vontade e dos mentores espirituais oferecer oportunidade de estudos a todos, um privilégio que nunca tive e estava maravilhado, impressionado e também muito feliz em poder repassar aqueles tantos conhecimentos adquiridos.

Todos os irmãos concordaram, a comunidade alegrou-se com a notícia, pois a região estava carente de conhecimentos.

O trabalho da reforma do barracão foi bastante simples na teoria, um pouco trabalhosa no aspecto material, porém o terreiro já tinha uma base fundamental religiosa; tudo poderia ser construído dentro dos padrões da vertente escolhida e, logicamente, com o apoio da espiritualidade.

Eu havia deixado uma nova reunião agendada para a semana seguinte, seriam abordados assuntos relacionados à estruturação e reforma da nova casa, e aconteceriam também na mesma noite, em especial, os trabalhos espirituais para que os mentores se manifestassem e expusessem toda ajuda referente à estrutura espiritual do terreiro.

Os Aspectos de Cada Terreiro

A religião de Umbanda tem fundamento próprio, apesar de beber das fontes de outras religiões, o que não é incomum, pois todas as outras também procedem da mesma forma.

Podemos citar como exemplo o próprio Catolicismo, que bebeu das fontes das religiões europeias e do Judaísmo para se fundamentar no passado.

A Umbanda também bebe das fontes do Espiritismo, das fontes do próprio Catolicismo e das religiões africanas, porém a Umbanda, como já disse, tem fundamento próprio e é uma religião brasileira, fundada em 1908, no Rio de Janeiro, por Zélio Fernandino de Moraes.

A Umbanda tem fundamento, mas é preciso aprofundar-se nos estudos, pois é uma religião livre de mistérios, mitos e dogmas.

Quando um terreiro de Umbanda nasce ele tem sua história, a hierarquia espiritual, a direção material, sua vertente e suas particularidades, o que é muito satisfatório, já que essa condição torna cada terreiro único e livre para expressar seu sagrado.

Absolutamente ninguém é dono da verdade plena, quer na Umbanda ou em qualquer outra religião do planeta.

Lembrando que as religiões nada mais são que muletas para ajudar os encarnados em sua elevação moral e espiritual, como já citado diversas vezes neste livro. Além disso, elas foram criadas pelos homens com influência espiritual, mas pelos homens!

O próprio Mestre Jesus, quando esteve na Terra, não instituiu religião alguma, apenas mencionou em Seus ensinamentos que onde houvesse pessoas rezando em Seu nome, Ele estaria lá. Podemos fazer essa leitura no Livro do Novo Testamento em Mateus, 18:20: "Porque onde estiverem dois ou três reunidos em meu nome, aí estou no meio deles".

Por mais que o plano espiritual esteja engajado nos projetos para a fundamentação religiosa, eles necessitam de um ser encarnado para fundar e codificar a religião na Terra. Podemos citar como exemplo o próprio Espiritismo e a Umbanda.

O Espiritismo foi codificado na Terra em 18 de abril de 1857, por meio do *Livro dos Espíritos*, escrito por Hippolyte Léon Denizard Rivail (Allan Kardec), um encarnado que pesquisou os fenômenos mediúnicos e contou com a ajuda dos espíritos para codificar uma nova religião.

Já a Umbanda foi anunciada dia 15 de novembro de 1908, por Zélio Fernandino de Moraes. Nos relatos de sua vida, conta-se que ele foi levado por seus pais até a Federação Espírita de Niterói, por apresentar sintomas mediúnicos. Chegando lá, contrariou todas as normas da sessão, levantando-se e informando ao dirigente espírita que naquele local faltava uma flor. Zélio se dirigiu até o jardim, apanhou uma rosa branca e colocou-a no centro da mesa onde aquela sessão estava ocorrendo.

Em meio aos acontecimentos, os médiuns presentes na Federação Espírita começaram a incorporar simultaneamente diversos espíritos, entre eles espíritos de Caboclos e Pretos-Velhos que foram advertidos pelo dirigente da sessão.

Zélio, aos 17 anos de idade, também estava incorporado naquele instante e disse aos dirigentes da sessão:

– Por que repelem a presença dos citados espíritos, se nem sequer se dignaram a ouvir suas mensagens? Seria por causa de suas origens sociais e da cor da pele?

Após o questionamento do espírito incorporado em Zélio, um vidente que estava presente na sessão perguntou ao espírito:

– Por que o irmão fala nesses termos, pretendendo que a direção aceite a manifestação de espíritos que, pelo grau de cultura que tiveram quando encarnados, são claramente atrasados? Por que fala desse modo, se estou vendo que me dirijo neste momento a um jesuíta e sua veste branca reflete uma aura de luz? E qual é seu nome, irmão?

Os Aspectos de Cada Terreiro

O espírito incorporado em Zélio respondeu:

– Se julgam atrasados os espíritos de Pretos e Índios, digo que amanhã estarei na casa deste aparelho para dar início a um culto em que esses Pretos e Índios poderão dar sua mensagem, e assim cumprir a missão que o plano espiritual lhes confiou. Será uma religião que falará aos humildes, simbolizando a igualdade que deve existir entre todos os irmãos encarnados e desencarnados. E se querem saber meu nome, que seja este: "Caboclo das Sete Encruzilhadas", porque não haverá caminhos fechados para mim.

O vidente ainda perguntou:

– Julga o irmão que alguém irá assistir a seu culto?

O Caboclo das Sete Encruzilhadas respondeu:

– Colocarei uma condessa em cada colina que atuará como porta-voz, anunciando o culto que amanhã iniciarei.

Passado algum tempo, todos ficaram sabendo que o Jesuíta que Zélio Fernandino de Moraes havia incorporado como Caboclo das Sete Encruzilhadas foi o padre jesuíta Gabriel Malagrida quando encarnado.

Gabriel Malagrida foi o espírito escolhido pela Cúpula Movimento Umbanda Astral para anunciar e ser o responsável na Terra através do médium Zélio Fernandino de Moraes, um espírito encarnado na época para fundar a nova religião no plano físico.

No dia 16 de novembro de 1908, na Rua Floriano Peixoto, 30, na região de Neves em São Gonçalo, na cidade do Rio de Janeiro, às 20 horas, o Caboclo das Sete Encruzilhadas se manifestou através de Zélio, na presença de membros da Federação Espírita, parentes, amigos e vizinhos e, do lado de fora, uma multidão de pessoas desconhecidas. Foi dessa forma que o Caboclo fundou a Religião de Umbanda, dizendo:

– Aqui se inicia um novo culto de espíritos de Pretos-Velhos africanos, que no passado foram escravos e hoje se encontram na condição de desencarnados. Estes não encontram campo de ação nos remanescentes das seitas negras, já deturpadas e dirigidas quase exclusivamente para os trabalhos de feitiçaria, e os índios nativos de nossa terra poderão trabalhar em benefício de seus encarnados, qualquer que seja a cor, raça, credo ou posição social. A prática da caridade no sentido do amor fraterno será a característica principal deste culto, tendo base no Evangelho de Jesus e como Mestre Supremo o Cristo.

Após anunciar a nova religião na terra, o Caboclo passou os fundamentos e as diretrizes da religião respondendo a uma série de perguntas de sacerdotes que ali se encontravam, e por fim disse:

– Assim como Maria acolheu em seus braços o filho, a Tenda acolherá aos que a ela recorrerem nas horas de aflição. Todas as entidades serão ouvidas; nós aprenderemos com aqueles espíritos que souberem mais e ensinaremos aqueles espíritos que souberem menos, e a nenhum viraremos as costas e nem diremos não, pois essa é a vontade do Pai.

Dessa forma, a religião de Umbanda foi fundada na Terra e a primeira Tenda da religião teve como primeiro sacerdote umbandista Zélio Fernandino de Morais, que colocou o nome do primeiro terreiro de Umbanda como Tenda Nossa Senhora da Piedade.

O nome da Tenda veio justamente para ilustrar que a religião acolhera com compaixão a todos os filhos encarnados e desencarnados, assim como Maria acolheu seu filho em seus braços.

Nossa Senhora de Piedade olha para as dores, os sofrimentos, as lutas e sorri para os seres em situação de perigo, chora com todos na dor, alivia as tristezas e santifica as alegrias.

Com a imagem e o nome da santa católica no primeiro terreiro de Umbanda nasce também o sincretismo na religião, que também deve ser livre de mitos e de dogmas nos terreiros umbandistas.

Ao longo dos anos, na Tenda Nossa Senhora da Piedade, Zélio preparou e formou novos sacerdotes que foram fundando, com o auxílio das espiritualidades, novas tendas de Umbanda, sendo elas:

→Tenda Espírita Nossa Senhora da Conceição (1919);
→Tenda Espírita Nossa Senhora da Guia (1927);
→Tenda Espírita São Pedro (1935);
→Tenda Espírita São Jorge (1935);
→Tenda Espírita São Jerônimo (1935);
→Tenda Espírita Oxalá (1939);
→Tenda Espírita Santa Bárbara (1952).

É neste momento da história que se deu início ao nascimento das vertentes e as particularidades dentro da religião de Umbanda. E não é diferente o terreiro que nasceu sob minha responsabilidade, bem como todos os outros espalhados pelo Brasil e pelo mundo.

Como dito anteriormente, sob orientação do plano espiritual, apliquei no terreiro que havia acabado de nascer os conceitos de "Umbanda Sagrada", tendo sua base fundamentada na Umbanda original de Zélio Fernandino de Moraes que foi fundamentada por Rubens Saraceni através dos espíritos que o assistiam.

Mas independente das várias vertentes existentes dentro da religião de Umbanda, como disse o Caboclo das Sete Encruzilhadas, Umbanda é a manifestação do espírito para a prestação da caridade e ponto.

Cada casa umbandista que surge no planeta tem sua vertente e suas particularidades, de acordo com a comunidade e com seu sacerdote, como base. Porém, cada terreiro é livre para expressar seu sagrado e todos devem ser respeitados.

Isso acaba deixando a religião apaixonante para seus seguidores que praticam uma religião fundamentada, porém com liberdade de expressão religiosa.

O terreiro que fundamos tem suas particularidades específicas dentro de um contexto amparado na necessidade regional.

A região material à qual pertenço e em que foi fundado nosso terreiro de Umbanda tem a necessidade de amparo e fluidos de cura em um trabalho magístico paralelo a giras de Umbanda. Dessa maneira, o terreiro de Umbanda Sagrada, em nosso caso, foi adaptado em sua particularidade, tendo um dia específico para desenvolver um trabalho de curas espirituais na linha dos pajés curandeiros e na linha do oriente, aparelhado de um setor físico com macas para receber os enfermos.

O barracão do terreiro ocupa uma área de trezentos metros quadrados de construção; embora consiga suprir as necessidades, poderia ser maior. Com toda convicção, o plano espiritual preparou exatamente o local adequado para acolhimento da comunidade.

O Caboclo Peri orientou que nas dimensões astrais pertencentes à minha região existe um setor em Aruanda chamado de Taba

Aracê, uma espécie de "Colônia Espiritual", localizada ao lado de outro setor chamado "Sol Nascente", que prepara os espíritos desencarnados para o reencarne no plano físico.

Nas casas de Umbanda, ocorrem manifestações de espíritos fora das linhas de trabalho, que estão em fase transitória. Muitas vezes querem se comunicar com entes queridos e se utilizam de médiuns psicofônicos ou psicográficos para essa finalidade, o que não é anormal na religião de Umbanda, já que o próprio fundamentador da vertente, Pai Rubens Saraceni, psicografou dezenas de livros como intermediários dos espíritos.

Diante da necessidade dessas regiões espirituais, o terreiro também possui em sua estrutura uma sala de psicografia separada do terreiro, onde são realizadas as giras de Umbanda.

Embora nosso terreiro tenha essas particularidades, não deixa de ser típico de Umbanda um altar de força irradiante, uma tronqueira com força absorvente, seus assentamentos e suas firmezas, ou seja, todos os fundamentos de Umbanda dentro de sua liberdade religiosa.

Todo terreiro de Umbanda edificado na Terra é uma extensão, parte de um projeto espiritual, onde grupos de espíritos querem se manifestar e ajudar a organizar e estruturar espaços sagrados do espiritual para o material através de médiuns na Terra.

Todo terreiro que leva a religião de Umbanda é sagrado e abençoado, independentemente de sua vertente e particularidades, devendo sempre ser respeitado como um espaço mágico e sagrado por todos os umbandistas, e a crença de "concorrência religiosa" deve, sem sombra de dúvidas, ser eliminada de nossas mentes, onde a irmandade e a fraternidade devem imperar sempre. Lembrando que liberdade de expressão religiosa e respeito também são fundamentos da religião de Umbanda.

A Sensatez de um Sacerdote

Com tudo que fui vivenciando até então, acabei reconhecendo meu compromisso com a espiritualidade e entendi que minha responsabilidade vinha muito antes de reencarnar na Terra.

Passei a entender melhor o sentido da vida e aceitei de coração aberto a missão do sacerdócio.

Toda encarnação humana tem como destino cumprir fases ou momentos dentro de uma necessidade evolutiva, e minhas circunstâncias passadas exigiam uma grande responsabilidade de conduzir e orientar pessoas em um templo religioso.

Minhas missões nunca foram uma obrigação, mas sim uma oportunidade evolutiva para uma ascensão futura. Assim é como vivenciei durante toda a vida, pois a passagem por essa experiência material é justamente para aprimoramento progressivo.

Através de meu livre-arbítrio, poderia a qualquer momento ter desistido da missão sacerdotal e ter trilhado outro percurso qualquer, porém aceitei a missão caminhando dentro das diretrizes traçadas por meus mentores espirituais, que me conduziram para uma trajetória reta e também me ensinaram a virtude de nunca esperar nada em troca pelo que iria realizar em prol da comunidade.

Assim como qualquer outro ser encarnado, sou humano e cometo erros, muitas vezes grosseiros. É válido dizer que o sacerdote, ao contrário do que muitos pensam, não é um ser iluminado, é um indivíduo normal que muitas vezes errou e vem com essa missão para auxiliar e ajudar pessoas em busca de aprimoramento evolutivo. Devemos entender também que esse aprimoramento é individual e que não deve ser encarado como uma "moeda de troca", ou seja, realizar algo para que em troca ganhe um cantinho em Aruanda quando desencarnar.

Nasci com o dom mediúnico da incorporação ou mediunidade psicofônica, que é um dos principais atributos para uma missão mediúnica e sacerdotal dentro da religião de Umbanda.

A mediunidade aflorou muito cedo, fato este que me direcionou para ser médium dentro da Umbanda, para trilhar o caminho da espiritualidade, na qual pude aprender e construir meu alicerce na mediunidade, para que futuramente viesse a compartilhar minha base na formação de novos médiuns umbandistas. Aceitei isso em minha vida e hoje é o que vivencio.

Além disso, senti a satisfação de poder ajudar outras pessoas, mas, acima de tudo, aprendi por meio das dificuldades, da autoajuda, e me tornei uma pessoa melhor, continuo buscando essa melhoria todos os dias.

Entrei na religião de Umbanda pela dor e pela necessidade quando criança, mas, com o tempo, aprendi a amá-la, e tudo que é feito com amor prospera, não é mesmo?

O sacerdócio não é *status* ou entretenimento, exige uma responsabilidade, discernimento, dedicação, estudos e aprimoramento daquele que tem a missão de seguir esse caminho.

Através dos anos, o amadurecimento espiritual consequente de muitos estudos e trabalhos acabaram me tornando mestre de mim mesmo. Atualmente tenho a grande responsabilidade de ensinar cada médium de "meu" terreiro a alcançar o mesmo objetivo, dando condições para que cada um consiga um contato verdadeiro com seus mentores espirituais, aprendendo por meio da observação e da vivência dentro de sua própria vida. Quando o médium consegue chegar a esse nível de mergulhar para dentro de si, não precisa mais de sacerdote e muito menos de uma religião, que nada mais são que muletas espirituais, ele "deixa de ser um pedinte e passa a ter gratidão pela oportunidade de evolução que tem no plano físico, deixa de ser cordeiro para ser leão", ou seja, ser mestre de si mesmo.

Observei que, naquele momento, minha necessidade evolutiva era a de acolher meus filhos e ensinar o caminho, utilizando como exemplo minhas vivências, para que cada um ao seu tempo pudesse tornar-se mestre de si mesmo e que futuramente propaguem o autoconhecimento e sua crença para o mundo.

As Dimensões Astrais

Nas dimensões astrais de todos os terreiros e templos religiosos do plano físico, existem ambientes etéricos, forças das dimensões espirituais ou astrais, como queiram chamar.

Reconheço hoje, por meio de estudos e informações que chegaram da espiritualidade, as dimensões do alto, do embaixo e das paralelas, ou seja, da esquerda e da direita, dimensões espirituais e que, de certa forma, são responsáveis por todas as regiões materiais e imateriais, também por alguma especialidade espiritual que atenda os desencarnados em sua chegada ao mundo dos espíritos e ainda dão auxílio a espíritos que habitam a Terra.

O quadrante acima do terreiro, que estamos usando como exemplo para contar a história deste livro, fica situado ao lado de um setor de Aruanda chamado de "Sol Nascente", localizado a sudoeste do Estado de São Paulo, onde moro e fundei o terreiro em questão.

"Sol Nascente" é um setor espiritual que prepara os espíritos para o reencarne no planeta. Espíritos de várias partes do Brasil são encaminhados, preparados e decantados na força de Mãe Nanã, para depois voltarem à vida física.

Ao lado do "Sol Nascente" fica outro setor de Aruanda, responsável por dezenas de terreiros de Umbanda e outras religiões estabelecidos no sudeste de São Paulo e sul de Minas Gerais nas vistas materiais para facilitar a localização.

Existem informações do Caboclo Peri, que me assiste e que me motivou muito a escrever estas páginas, de que uma "Cidade" chamada de "Aracê" ou "Taba Aracê", significado (Taba) Aldeia,

(Aracê) O Nascer do Dia. Dessa forma, essa colônia é representada pelo nome de "Aldeia Nascer do Dia" em nosso dialeto. Essa região espiritual tem como responsáveis espíritos ascencionados que evoluíram do grau de Caboclo em um olhar umbandista.

Essa Taba (aldeia) é responsável por aliviar as dores emocionais dos espíritos, além de promover o alívio das doenças espirituais e materiais diante da necessidade evolutiva de cada um. Acolhe espíritos que vêm encaminhados das regiões umbralinas, pois, quando encarnados, possuíram vícios materiais. É nessa Taba que os espíritos do grau de Caboclo, nas forças da decantação divina, reciclam e alocam no setor espiritual "Sol Nascente", ainda preparam os espíritos que terão uma nova oportunidade iniciada do zero no plano físico.

Além disso, a Taba Aracê é responsável por organizar e estruturar terreiros de Umbanda na região que predomina. Vêm daí as Cúpulas ou divisões de criação para a estruturação e criação dos projetos que nascem no plano físico nesta região do país, conhecidos pelos encarnados como templos de Umbanda ou simplesmente terreiros.

No caso de meu terreiro, Pai Cacique é o diretor responsável por uma das várias Cúpulas de Criação da Taba Aracê. Por intermédio de sua Cúpula, esse terreiro é estruturado e fundado na Terra com ajuda de sua falange (agrupamento de espíritos) e de vários espíritos que foram reciclados dentro da dimensão Taba Aracê.

Depois de reciclados, esses espíritos são encaminhados para o setor espiritual de Aruanda Sol Nascente e, em momento oportuno, reencarnam para continuar sua trilha evolutiva e trabalhar arduamente instruindo outros espíritos encarnados que buscam a caridade e orientação para se tornarem pessoas melhores, sempre direcionadas aos caminhos da ética, da boa conduta e do amor ao próximo.

Assim como todos os outros, hoje sou um espírito reencarnado passando por uma experiência material de tantas que já vivenciei. Vim e assumi a responsabilidade de gerir um terreiro de Umbanda através de minha escolha (livre-arbítrio), também fui submetido por todo o processo de decantação espiritual antes de tudo, assim como todos.

Transitei por muitas encarnações, algumas delas ao lado de mentores espirituais que hoje me auxiliam, como por exemplo o Exu Tatá Caveira.

Sofri algumas quedas, nas encarnações mais recentes tive ligações com vícios carnais, por isso passei algum tempo em regiões astrais umbralinas. Fui resgatado em certa ocasião por meu grande amigo Exu Guardião Tatá Caveira e encaminhado até o véu espiritual; depois disso para a Taba Aracê, onde fui decantado e direcionado para o setor Sol Nascente.

Fui preparado e, no momento determinado por Olorum juntamente com meu livre-arbítrio, voltei para o plano físico exatamente na região de predominância da Taba Aracê, para dar início a mais uma jornada de continuidade de meu processo evolutivo.

Dentro de meus processos mentais, regenerar é uma escolha, eu poderia muito bem seguir outro caminho utilizando meu livre-arbítrio, todavia escolhi esse caminho para seguir e ir decantando meus vícios que, no passado espiritual, me fizeram sofrer quedas. Dentro dos caminhos que trilhei nessa nova reencarnação, fundei e gerencio, por intermédio do sacerdócio, um terreiro de Umbanda, onde espíritos encarnados e desencarnados podem se manifestar e usufruir do auxílio e amparo necessário para seguirem sua evolução espiritual.

O Cacique é responsável geral por auxiliar e dar todo suporte espiritual para mim e meu terreiro, juntamente com sua falange de espíritos, agora unidos com os mesmos objetivos, e o principal deles é levar o Templo Sagrado adiante com a mesma imagem e semelhança ao Templo Sagrado Espiritual formado por Pai Cacique na Taba Aracê.

Não me sinto nem um pouco privilegiado com isso, pelo contrário, só Olorum sabe o quanto é difícil gerenciar tal responsabilidade, porém aprendi a vivenciar a Umbanda com amor e hoje posso dizer sem medo de errar que não faço Umbanda, eu sou mais Um na Banda, eu sou Umbanda!

A Regência do Terreiro

O Universo é constituído de energia, frequência e vibração; na Umbanda chamamos essa frequência que transita em todas as dimensões de Orixás ou de Tronos Divinos, e podemos provar isso por meio de estudos científicos em nosso plano físico.

Na Terra podemos exemplificar com Nicolas Tesla, por exemplo, o inventor do rádio e da corrente alternada, que afirmou que, se alguém quiser descobrir os segredos do Universo, deve pensar em termos de energia, frequência e vibração. Ao estudar o Universo físico, descobriu-se que o Todo é constituído por energias que criam a matéria.

A física quântica e relativística, que constitui a física moderna, procura desvendar os mistérios do Universo, pois fundamenta que vivemos em um mundo de energias e vibrações que manifestam o mundo físico.

Amit Goswami, outro pesquisador assim como Tesla, é considerado um dos mais originais cientistas contemporâneos por estabelecer uma ponte entre a ciência e a espiritualidade.

Sabemos que esses cientistas estão certos em suas teorias, principalmente quando começamos a estudar e a entender a Teogonia de Umbanda, que nada mais é que o estudo das Divindades da religião.

O próprio Pai Benedito de Aruanda, pelo médium e mestre Rubens Saraceni, dizia:

"Na ciência divina está a chave para decifrar os mistérios dos Orixás, filhos de Umbanda!"

E qual a intenção de iniciar este capítulo dessa forma? Falando sobre ciências? É justamente trazer ao leitor os ensinamentos de que tudo no Universo tem uma regência, ou seja, uma energia oculta que rege.

Nos terreiros de Umbanda não é diferente. Estes, quando nascem na Terra, têm uma energia específica que, aliada a outras, regem o espaço sagrado.

Geralmente, o terreiro de Umbanda tem sua regência na força energética do Orixá de frente do sacerdote, o que não é uma regra, pelo menos em meu caso não foi assim.

No caso de meu terreiro, ele tem como regente a força energética do Orixá Oxóssi, que é o regente do Pai Peri, dirigente espiritual do terreiro.

No início, com meu ego atuando, fiquei surpreso com a informação de Pai Peri, pois meu Orixá de frente é Ogum, todos os terreiros que havia visitado, com raras exceções, eram regidos pelo Orixá de frente do Sacerdote.

Claro que, como ser humano falho, com vícios e defeitos, questionei Pai Peri o motivo de o terreiro não poder ter a regência de meu Orixá de frente.

Pai Peri esclareceu sobre a força que deveria reger o terreiro, porém era uma necessidade espiritual minha insistir para que a regência fosse de meu Orixá de frente Ogum, e não do Orixá Oxóssi. Era meu ego em ação.

Depois disso, peço ao Orixá Exu por todos os dias de minha vida, que me livre do ego e de minhas sombras, pois, de fato, é um sentido que atrapalha muito nosso andar evolutivo. Reverencio quando vejo terreiros de Umbanda colocar em suas portas de entrada pelo lado de fora uma placa escrita "deixe seu ego aqui".

O nome do Caboclo Peri já demonstra seu campo de atuação energético. A palavra Peri significa planta lisa e delgada, ou seja, planta é vegetal e vegetal é elemento de atuação do Orixá Oxóssi.

Pai Peri explicou que a região física do terreiro estava com déficit no sentido do conhecimento, principalmente em relação aos fundamentos da religião de Umbanda.

Os estudos espiritualistas na região eram sempre voltados para a mediunidade, já os estudos sobre a religião e seus fundamentos de Umbanda eram desconsiderados na maioria dos terreiros existentes. Esse novo terreiro iria contribuir muito no sentido do conhecimento para as pessoas.

A regência do terreiro recém-nascido é do Orixá Oxóssi, uma divindade que está assentada no trono do conhecimento. Oxóssi é uma divindade universal passiva que irradia constantemente o sentido do conhecimento na vida dos seres.

Oxóssi está assentado no trono do conhecimento ao lado de Obá, uma divindade cósmica e ativa no sentido do saber, ou seja, Obá é concentradora e atua nos desequilíbrios, também auxilia os médiuns na concentração mediúnica, já que é concentradora.

Oxóssi também representa o arquétipo de um caçador, aquele que sai em busca de recursos, que traz conhecimento para o aprendizado e evolução dos seres. Ele é o expansor, senhor do reino vegetal, da fauna e flora planetária. Tem ainda o poder de purificar, limpar, nutrir e curar, sendo esses os campos de atuação bem específicos do novo terreiro que fundamos em Terra.

Na Umbanda, Oxóssi é sincretizado como o santo católico São Sebastião, que tem suas qualidades.

São Sebastião foi um mártir morto durante a perseguição levada a cabo pelo imperador romano Diocleciano, seu nome deriva do grego *sabastós*, que significa o divino, o venerável.

Oxóssi, assim como os demais Orixás cultuados na Umbanda, tem campo de atuação em várias outras forças. Podemos dizer que um Oxóssi do conhecimento, que atua no campo do amor, do qual temos assentado o Orixá Oxum, forma um campo de atuação cruzado, e gera outra força energética, ou seja, um Oxóssi natural do amor que muitos conhecem com o nome de Logum-Edé.

Para entender melhor os sentidos dos Orixás na vida e na regência do terreiro, é necessário citar essas energias que regem o Universo, matéria para o próximo capítulo deste livro.

Os Orixás nos Terreiros

Independentemente da regência principal do terreiro, todos os Orixás vibram no ambiente sagrado, assim como vibram em cada um dos seres encarnados através de nossos chacras.

Essa energia vem das dimensões do alto verticalmente, entra na força irradiante do terreiro que é o congá, em seguida é irradiada horizontalmente para o ambiente sagrado.

As forças dos Orixás nada mais são que as energias que regem o Universo através dos sentidos da vida.

Temos as sete Linhas da Umbanda ou os sete tronos, e cada trono é formado por um par de Orixás, sendo um com fator masculino e outro com fator feminino, uma força universal passiva e outra força com energia cósmica ativa.

As forças universais ativas irradiam a energia de um sentido da vida constantemente, e as forças passivas são absorvedoras desse sentido, ou seja, tratam os desequilíbrios do sentido que atuam.

Então temos os sete Sentidos da Vida, as sete Linhas da Umbanda, os sete Tronos Divinos da Criação. Indico as obras do mestre Rubens Saraceni, publicadas pela Madras Editora, para aprofundamento desses conhecimentos.

Por ordem e prioridade espiritual, a primeira linha de Umbanda é formada pelo trono da Fé, a segunda pelo trono do Amor, a terceira pelo trono do Conhecimento, a quarta pelo trono da Justiça, a quinta pelo trono da Lei, a sexta pelo trono da Evolução, finalizando com a sétima, pelo trono Divino da Geração.

E ainda temos a parte dos sete Sentidos da Vida, duas energias vibratórias bipolares que são irradiantes e absorventes ao mesmo tempo: a energia do Orixá Exu e a Energia do Orixá Pombagira.

Orixá Exu vibra a energia da vitalidade nos seres e Orixá Pombagira vibra a energia do estímulo pela vida.

Como disse anteriormente, cada uma dessas linhas é formada por um par de Orixás que regem um determinado sentido divino.

Olorum se manifesta através de irradiações entendidas pelos encarnados como sentimentos e vibrações energéticas. Essas irradiações são os Sete Tronos que correspondem aos sete Sentidos da Vida e às sete linhas da Umbanda, formada por catorze Orixás, cada um com seu sentido divino.

O primeiro trono, por prioridade, vibra o trono da Fé, composto por Oxalá, que é universal, passivo e rege o fator fé, e por Logunan, que é cósmica, ativa e rege o fator tempo.

No segundo trono divino temos o Amor, composto por Oxum, que é universal, passiva e rege o fator puro do amor, e por Oxumaré, que é cósmico, ativo e renovador em sua atuação.

No terceiro trono temos Oxóssi, que é universal, passivo e rege o Conhecimento, e Obá, que é cósmica, ativa e concentradora.

No quarto temos o trono divino da Justiça, Xangô, que é universal, passivo e rege a Justiça Divina, e Oroiná, senhora do fogo purificador, cósmica, ativa e rege a purificação dos seres.

No quinto temos o trono da Lei Ogum, que é universal, passivo e regente da lei, e Iansã, que é cósmica, ativa e direcionadora.

No sexto trono da Evolução temos Obaluayê, que é universal, passivo e regente da evolução, e Nanã, que é cósmica, ativa e decantadora.

Por último temos o sétimo trono, o da Geração, composto por Iemanjá, que é universal, passiva e geradora da vida, e por Omolu, que é cósmico, ativo e paralisador.

Nos seres encarnados, essas energias vibram constantemente em seus chacras. No chacra coronário vibra o sentido da fé, no chacra cardíaco vibra o sentido do amor, no chacra frontal vibra o sentido do conhecimento, no chacra umbilical vibra o sentido da justiça, no chacra laríngeo vibra o sentido da lei, no chacra esplênico vibra o sentido da evolução e no chacra básico vibra o sentido da geração.

Podemos concluir que os seres encarnados são filhos de todos os Orixás, essas energias vibram em lugares como energias irradiantes e absorvedoras.

Os encarnados ainda têm uma configuração energética com as forças dos Orixás que os acolheram no momento da criação.

Quando um ser nasce de Olorum, como Centelha Divina, é acolhido por um casal de Orixás, o que chamamos de Orixás Ancestrais, em que o Orixá Ancestral dominante, que pode ser um pai ou uma mãe, vibra no topo do chacra coronário, e o Orixá Ancestral recessivo vibra no chacra básico, formando uma linha de força vertical no corpo espiritual do ser.

E temos outro casal de Orixás que chamamos de Orixá de frente e Orixá adjunto ou juntó, estes regem os encarnados em sua encarnação atual. O Orixá de frente vibra na frente do chacra frontal. O Orixá adjunto ou juntó vibra nas costas do chacra frontal, formando uma linha de força horizontal, como podemos observar na imagem abaixo:

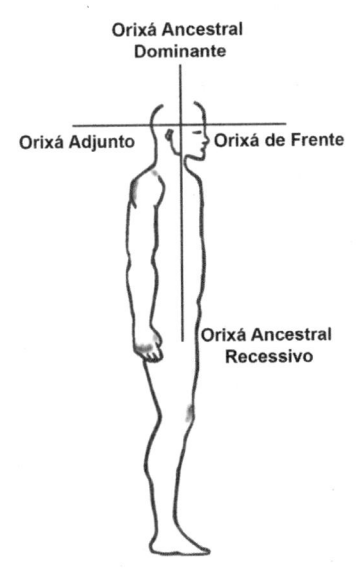

Figura 1: Orixás que nos regem

Nos terreiros de Umbanda, seus discípulos têm uma regência principal dentro do ambiente sagrado, porém o terreiro recebe a influência e amparo espiritual e energético de todos os Orixás.

Dependendo da necessidade evolutiva do terreiro e de seus membros, uma irradiação divina vibra com mais força do que outras, e os Orixás vibram dessa maneira no ambiente sagrado.

Quando me refiro a todos os Orixás, são todos mesmo, pois temos centenas de sentidos divinos, ou seja, centenas de Orixás, porém na Umbanda Sagrada são cultuados os catorze Orixás principais, que formam sete pares perfeitos, dando origem às sete linhas da Umbanda.

Mas nada impede o umbandista ou o terreiro de cultuar mais ou menos Orixás, de acordo com sua particularidade. Lembre-se: a religião é livre para exercer seu sagrado.

O que temos são os Orixás que conhecemos, estudamos e cultuamos, e há aqueles que não conhecemos, não estudamos e não cultuamos, simples assim.

Na questão energética temos centenas de forças atuantes ramificadas que se unem em um único Orixá, o que facilita as coisas.

Como disse no capítulo anterior, temos um Orixá Oxóssi para cada um dos campos de atuação que transitam na linha de cada Orixá, e isso acontece com todos os Orixás, aqui estou citando apenas Oxóssi como exemplo.

Segundo Pai Rubens Saraceni, no livro *Código de Umbanda*, publicado pela Madras Editora, temos esses entrecruzamentos de forças, a partir dos cruzamentos das irradiações verticais e das correntes horizontais, que chamamos de faixas vibratórias.

Pai Rubens Saraceni deixa claro em um exemplo de entrecruzamento de um Oxóssi natural atuante, na segunda linha do amor, que cria uma força, que chamamos de Orixá Logum-Edé, a qual Pai Rubens descreve assim:

"Segundo Oxóssi, que é o Oxóssi do amor ou Oxóssi mineral, também denominado Oxóssi do conhecimento genético, que surge a partir do segundo polo magnético, é formado no entrecruzamento com a corrente eletromagnética mineral, regida pelo Orixá Oxum (Orixá da concepção e do amor) com a terceira irradiação vertical, regida por Oxóssi".

E isso acontece com todos os Orixás, todos transitam dentro da energia um do outro, e vice-versa.

Se fôssemos gerar números em gráficos matemáticos para traçar todos os entrecruzamentos enérgicos universais e cósmicos, daria um número quântico.

Então fica muito fácil cultuar o Orixá Oxóssi como sendo o Oxóssi "original" ou "primeiro", cultuando essa força e, consequentemente, estaremos cultuando todos os entrecruzamentos relacionados ao mesmo Orixá, o que facilita muito.

No terreiro de Umbanda e em todos os templos religiosos temos essas energias atuantes, acreditem ou não, pois são os sentidos que regem a vida como a conhecemos, e estão presentes em todos os lugares, no meu e no seu terreiro, independentemente de uma regência principal.

Os Arquétipos do Terreiro

Nos terreiros nos quais trabalhei quando jovem, antes da fundação de meu terreiro atual, tive contato com poucas linhas de trabalho da Umbanda.

Na vertente de Cáritas ou Umbanda Branca, pude trabalhar com a linha dos Caboclos, dos Pretos-Velhos, dos Erês (crianças), raramente com os Exus e algumas vezes com a linha dos Baianos e dos Ciganos.

No terreiro "dos fundos", descrito em capítulos anteriores, quando comecei a trilhar uma jornada um pouco mais independente, antes de fundar o novo terreiro, algumas linhas que não se manifestavam começaram a trabalhar comigo, já me preparando para minha nova fase e para minha nova vertente dentro do novo terreiro.

Como eu e meus irmãos de fé que me acompanhavam não tínhamos essas experiências anteriores, no início foi muito difícil a entrega e adaptação com os novos arquétipos que vinham se manifestando.

Para nós foi um aprendizado meio que na raça, "risos". E digo mais, foi um ato de fé e de entrega, pois quando não se tem uma frequência de trabalho mediúnico com determinadas energias que os médiuns ainda não conhecem profundamente, as coisas ficam mais difíceis.

É nesse momento que entram a fé, o amor à religião e a confiança nos mentores espirituais, humildade para esvaziar o copo e encher novamente com novos conhecimentos e com novas experiências em prol de um bem maior, que é a prestação da caridade na Umbanda.

E foi assim que o terreiro recém-fundado na Terra passou a receber todos os espíritos que ali vinham para ajudar na prestação da caridade.

Zélio de Moraes nos ensinou que a palavra Umbanda se resume à seguinte frase: "Umbanda é a manifestação do ESPÍRITO para a prestação da caridade". Em momento algum atribuiu nomes, falanges, linhas ou arquétipos para esses espíritos, sendo que qualquer espírito que quisesse se manifestar para auxiliar os encarnados e os desencarnados seria muito bem-vindo.

Seria um pouco contraditório a esse ensinamento do fundador da religião limitar ou maximizar certo número de linhas de trabalho dentro da religião de Umbanda, o próprio Zélio era livre e recebia todo tipo de espírito que quisesse auxiliar na prestação da caridade e do bem.

Zélio ainda disse que a Umbanda, por meio de seus filhos e espíritos, ensinaria os que soubessem menos e aprenderia com os que soubessem mais.

Analisando as palavras de Zélio, podemos entender que, de fato, a Umbanda veio justamente para receber de braços abertos a todos, sem distinção alguma.

Então começamos a dar passagem a todos os mentores espirituais no terreiro que se apresentavam na religião de Umbanda e alguns mais ainda conhecidos como linhas de trabalho mais comuns: Linha do Oriente, Caboclos, Pretos-Velhos, Erês, Baianos, Boiadeiros, Ciganos, Marinheiros, Malandros, Exus, Pomba-giras, Exus Mirins e Pombagiras Mirins entre outros.

Toda entidade espiritual que esteja disposta a se manifestar para auxiliar na prestação da caridade, ou aqueles que vêm em busca de auxílio e aprendizado, são sempre bem-vindos ao terreiro de Umbanda.

Na atualidade, muitos outros arquétipos vêm se manifestando na religião através de linhas de trabalho, como os Pretos-Velhos Mandingueiros, entre outros.

Cada linha de trabalho, dentro de seu arquétipo, tem seu valor e sua energia atuante dentro da religião e do terreiro; assim como a força dos Orixás, as linhas de trabalho vêm trazer seu axé para o terreiro.

A Linha do Oriente está assentada na força do Orixá Oxalá, trabalha na força da fé e na cura dos seres, são entidades espirituais extremante evoluídas que vêm à Terra como missionários da Lei Maior, auxiliar os encarnados e os desencarnados que buscam apoio espiritual.

Os Caboclos trazem em sua vibração a força do Orixá Oxóssi, atuando nos campos do conhecimento, da expansão e da cura para o terreiro.

Os Pretos-Velhos vêm no mistério ancião do Orixá Obaluayê, trabalham a força da sabedoria e da perseverança.

Os Erês, também chamados de crianças da Umbanda, vêm na forma de Oxum trazendo a renovação e a pureza do amor para o templo.

Os Baianos estão assentados na força de Iansã e, com sua alegria, trazem a força movimentadora desse Orixá.

Os Boiadeiros atuam no campo da lei divina, portanto são assentados na força do Orixá Ogum e, com uma energia vigorosa, trabalham na força ordenadora e direcionadora dentro dos terreiros de Umbanda.

A linha dos Ciganos não é considerada um grau na Umbanda. Daqui a algumas centenas de anos pode ser que essa linha de trabalho desapareça, já que os nômades pelo mundo estão desaparecendo também nos dias atuais. Os Ciganos são grandes conhecedores da magia, são alegres e amantes da Natureza, trabalham na força do Orixá Oroiná trazendo prosperidade, amor, a cura e a purificação para todos nós.

Os Marinheiros estão assentados na força do Orixá Iemanjá, a senhora da geração e das águas. Os Marinheiros trazem para o terreiro as ondas magnéticas das águas, quebrando os bloqueios emocionais, limpando as impurezas espirituais e dando o equilíbrio.

Os Malandros não têm assentamento energético em um Orixá específico, eles atuam em várias forças, estão à esquerda de nossa dimensão, porém são entidades das linhas das dimensões à direita, visando sempre ensinar aos encarnados um caminho reto e positivo com muito jogo de cintura. Os Malandros atuam na limpeza, na purificação e na abertura dos caminhos.

Os Exus estão assentados na força do Orixá Exu (Mehor Yê) e, assim como todas as linhas de trabalho, transitam no campo de atuação de todos os Orixás. Exu só pratica o bem, intervindo por um comando da Lei Maior ou quando é ativado magisticamente. Exu absorve, neutraliza e vitaliza os seres.

A Pombagira está assentada na força do Orixá Pombagira (Mahor Yê), é um espírito como o Exu, que trabalha a serviço da luz e do bem. Ela traz em seu trabalho o estímulo e o desejo pela vida.

Os Exus Mirins estão à esquerda da dimensão dos encarnados, trazem a força do trono das intenções e são portadores de poderes excepcionais, trazem em sua força a regeneração e harmonia.

As Pombagiras Mirins estão à esquerda da dimensão dos encarnados, trazem a força do trono dos interesses, entre outros fatores coligados, e são portadoras de poderes excepcionais, trazem em sua força a regeneração e harmonia.

O terreiro de Umbanda pratica somente o bem, o que fugir disso não pode ser considerado um terreiro de Umbanda.

Independentemente das linhas e dos arquétipos que venham a se manifestar no terreiro, a prática deve ser sempre positiva e para o bem, é nessa linha que, juntamente com meus mentores espirituais sob a orientação de toda hierarquia espiritual superior, o fazemos.

E o Terreiro Nasceu na Terra

Após algumas décadas, um terreiro de Umbanda surgiu na Terra, nascido por intermédio de um projeto espiritual.

A Umbanda ainda está em fase inicial como religião, com um pouco mais de cem anos no plano físico, porém vem ganhando espaço por meio de seus templos e de seus médiuns, também considerados um templo vivo na Terra.

Os terreiros de Umbanda vêm se tornando um pronto-socorro espiritual. Cresce a cada dia o número de pessoas que os procuram na tentativa de sanar suas necessidades espirituais básicas, sem contar o número enorme de encarnados desiludidos com a vida ou com outras religiões que também buscam o conforto espiritual. Lembrando, ainda, os desamparados sociais que buscam auxílio para seus familiares e amigos.

Podemos relatar com toda propriedade que muitas pessoas desesperadas por terem sido desenganadas pela medicina procuram o terreiro de Umbanda como uma última esperança, e na medida de seu merecimento têm alcançado a cura.

Não podemos esquecer os milhares de espíritos desencarnados que procuram nos terreiros de Umbanda a orientação e o amparo, o local é um norte que os direciona para o caminho correto em seu processo evolutivo além-túmulo.

Contudo, o trabalho dos sacerdotes eleitos pela espiritualidade tem sido de grande valia, pois esses líderes de comunidades venceram seus obstáculos, conseguiram alcançar o objetivo espiritual de fundar uma estrutura planejada e desenvolvida pelo plano espiritual, e hoje auxiliam, amparam, formam novos umbandistas, que estão em fase inicial dentro da religião.

O terreiro é humilde, assim como todos outros, pois não faz parte do fundamento da religião e muito menos do planejamento espiritual a fundação de terreiros luxuosos.

Mas, infelizmente na Umbanda, assim como nas demais religiões, existem aproveitadores da fé. Porém é uma religião que se molda de acordo com a necessidade e o merecimento dos encarnados e sem sombra de dúvida os aproveitadores serão doutrinados ao seu tempo.

O terreiro de Umbanda é universalista, respeita e trabalha todas as energias independentemente da crença dentro de seu contexto religioso. É também um polo doador de conforto, esclarecimento, fé e amor. É uma religião livre de mitos e dogmas. Apesar de ainda haver divergências de linguagem, há de chegar o tempo em que todos os umbandistas falarão uma mesma linguagem, estudarão em uma mesma cartilha, unificando de vez as vertentes, em um sentido universalista, uma só Umbanda, mas sem perder a liberdade religiosa, independentemente de suas particularidades pessoais.

Relembro que nada ocorre ao acaso. O terreiro, antes de ser fundado, foi planejado e idealizado no plano espiritual por espíritos evoluídos que não cogitaram apenas em suas necessidades de evolução, mas em todos os aspectos que englobam um conjunto de prioridades indispensáveis à evolução dos dois polos, ou seja, uma evolução conjunta entre encarnados e desencarnados.

O plano espiritual tem com os encarnados muito zelo e amor incondicional. Os encarnados precisam ser mais observadores e ter uma percepção mais aguçada, e sua atenção voltada para os acontecimentos da jornada em que se encontram no plano material.

O terreiro de Umbanda é um grande aliado para a evolução dos seres humanos, já que favorece a autoanálise, levando-os a serem pessoas melhores.

Sou da Umbanda, somos da Umbanda, sou mais um, somos mais UM na BANDA. Cada um de nós é um templo vivo, com todos os valores associados à nossa amada religião e ao seu terreiro em particular, somos um templo vivo dentro de um templo religioso sagrado que é o TERREIRO DE UMBANDA.

Uma Minhoca Cria Minhocário

Neste livro retratei apenas algumas passagens de muitas que vivenciei dentro da religião de Umbanda, desde criança até os dias atuais.

Afirmo com veemência e ímpeto que, com as experiências vividas, aprendi e evoluí meu potencial na aprendizagem, diluindo minhas fraquezas. Com isso provoco o caro leitor a fazer uma reflexão profunda neste capítulo.

Antes de prosseguir com a leitura, tire alguns minutos e reflita sobre tudo que já passou dentro da religião de Umbanda, se não for umbandista, faça o mesmo, refletindo dentro de seu seguimento religioso.

Medite sobre todos os momentos que já pensou em desistir de seguir uma religião, principalmente ocasionados por influência ou até mesmo por julgar erros alheios que não lhe agradaram.

E nessa meditação profunda, reflita também sobre o que te fez ficar e prosseguir e se realmente abandonou por um tempo ou em definitivo, reflita o que aconteceu de tão ruim ou agressivo com você, para que fosse tomada essa decisão.

Feito isso, reflita agora sobre todas as coisas boas que vivenciou, mentalizando aquelas pessoas que foram ou que irão em busca de auxílio atrás de você, aquelas as quais você ajudou e talvez ainda ajude.

Fazendo essa reflexão talvez consiga, assim como consegui me estabilizar dentro de um contexto positivo, em que aprendi a converter os maus pensamentos e os "mimimis" que aqui vou chamar de "minhocas negativas" em autorreflexão positiva.

O leitor deve estar indagando o motivo desse contexto. Respondo com outras perguntas: quem não passou por situações complicadas dentro de sua religião? Quem nunca julgou a ação dos outros como impróprias, mas se esqueceu de olhar para dentro de si mesmo? Quem nunca pensou em desistir da religião por pensar em não ter paz dentro do templo sagrado, onde seria o local ideal para tal fim?

Bom, não sei você, meu caro leitor, mas já passei por tudo isso e muito mais! Hoje, com um pouco mais de 25 anos de jornada religiosa e com várias experiências positivas e negativas dentro dos templos por que passei, aprendi e posso afirmar que a paz que procuramos não está no templo, também não está na religião. A paz que procuramos está dentro de cada um! Tudo depende de acordarmos para uma realidade interior e afastar nossas sombras.

Exu vive nos alertando através de intuições, da própria psicofonia, enfim, de diversas maneiras dentro do padrão mediúnico de cada um de nós.

Exu vive gritando ao nosso ouvido, acorda, acorda, acorda, e é difícil olhar no espelho e ver nossa sombra ali presente nesse acordar, por isso, muitas vezes é muito melhor ficar dormindo do que ter esse despertar e se deparar com a sombra.

E, quando estamos dormindo em nossa realidade, preferimos culpar e julgar o outro do que reconhecer que muitas vezes o problema não está no outro e sim em nós mesmos!

Quando estamos dormindo tudo nos atinge mais fácil, e uma minhoca que sai de um pequeno "mimimi" vira um grande minhocário em nossa mente.

É aí que começam nossos conflitos e nossas aceitações dentro de um contexto religioso.

Vale a pena lembrar que, quando o Mestre Jesus Cristo passou pela Terra, Ele próprio não fundamentou, muito menos seguiu alguma religião, ainda afirmou em frase dita e posteriormente escrita no novo testamento, por Mateus, 18:20: "Porque, onde estiverem dois ou três reunidos em meu nome, ali estarei".

Porém, hoje sabemos que as religiões são uma espécie de muleta, das quais nós, espíritos ainda infantis que estamos passando por uma experiência material, precisamos para nos auxiliar na caminhada árdua da vida.

Hoje, depois de muito apanhar, de muito ouvir e vivenciar a espiritualidade dentro de tudo o quanto passei, aprendi que o julgamento não compete a mim nem a ninguém, o julgamento é exclusivo apenas de Xangô, o senhor da Justiça Divina, e nos cabe apenas acordar para a realidade que vivemos, a olhar no espelho e reconhecer que todos os problemas e a falta de paz estão dentro de cada um de nós, não no outro.

Dentro do terreiro de Umbanda, devemos primeiramente separar o profano do sagrado, bem como olhar para dentro de nosso interior e procurar ajudar os irmãos e as irmãs de fé, além de não deixar que uma minhoca se torne um minhocário, já que cabeça cheia de minhocas atrai energias afins.

O mestre Jesus deixou dois mandamentos muito fortes para nós quando em vida material; primeiro Ele disse:

– Ame a Deus sob todas as coisas!

Nessa frase do Rabi[22] que todo mundo entendeu errado, ele não quis dizer para amarmos essa energia suprema Deus mais do que tudo, Ele quis dizer para nos amarmos, para termos amor-próprio, já que Deus está dentro de cada um de nós.

E na segunda frase o Rabi disse:

– Ame a teu próximo como a ti mesmo!

Olhe a sequência especial nesse ensinamento. Ame a Deus sobre todas as coisas e ao teu próximo como a ti mesmo.

Então pergunto:

– Como vamos amar nosso próximo, se não nos amarmos em primeiro lugar?

Vejo hoje que o que nos falta é amor-próprio, para só depois fazermos nossa parte nesta vida, pois fora do amor não há evolução, essa é chave da vida e de todas as religiões.

---

22. O designativo "Rabi" era usado no verdadeiro sentido da palavra como "instrutor". (Jo, 1:38) Mas, entre os judeus, pouco antes do nascimento de Jesus.

Claro que atualmente entendo tudo por que passei, sei que havia um propósito, caminhos se abrem e neles entramos pelo nosso livre-arbítrio.

Hoje não faço mais Umbanda, eu sou Umbanda, porque, perto de um despertar de consciência, incorporei os valores da religião para a minha vida, e quando incorporamos seus valores deixaremos de fazer algo para se tornar algo.

Sou Umbanda e, sendo Umbanda, optei por não desistir de minha verdade e tomei a decisão fazendo uso de meu livre-arbítrio. Quero continuar minha jornada como umbandista, não pensando neste ou naquele terreiro e, longe de querer encontrar um templo perfeito, porque o que leva à perfeição está dentro de mim e de você. Temos o poder de vivermos como quisermos e de praticar obras, assim como consta em outra máxima do Rabi Jesus:

– Vós sois deuses e filhos do Altíssimo, todos vós. Podeis fazer tudo o que faço e muito mais.

Desmistificando o Acaso

Que a luz de Olorum esteja contigo neste momento e sempre!

Gostaria de finalizar este livro dizendo que tentei de alguma forma descrever como é planejado e criado um terreiro de Umbanda em suas etapas no plano espiritual e no plano físico.

E é claro que estas páginas são apenas um breve resumo de alguns fatos que marcaram minha vida mediúnica dentro da Umbanda em pouco mais de duas décadas de jornada mediúnica na religião.

No ano de 2019 completei 39 anos de vida, 26 anos deles dedicados à religião que faz parte de minha essência de vida.

O que mais tentei descrever nesta obra foi minha grande descrença no acaso, ou seja, nada acontece por acaso, e eu sou prova viva disso, assim como você também é. Basta fazer uma reflexão profunda e mergulhar em seu íntimo, assim poderá ir analisando os fatos vivenciados por você e se eles foram por um acaso.

Absolutamente tudo que passei de bom e de ruim me direcionou para a vida e para a estrada que trilho nos dias de hoje.

Claro que não posso me esquecer de falar do livre-arbítrio, já que as decisões tomadas ao longo do tempo foram muito importantes para chegar aonde o plano espiritual gostaria que eu chegasse para o desenvolvimento de minha evolução.

E, para o leitor que ainda não sabia dessa informação, o livre--arbítrio nos dias atuais está em xeque pela ciência. E se de fato o livre-arbítrio não existir, como quer provar a ciência, acredito que não haveria problemas, pois prova da mesma forma o que tentei descrever nesta obra.

Somos direcionados sem acaso para os caminhos que devemos trilhar, no sentido de alcançarmos nossa ascensão espiritual. Isso é fato!

Só a escolha do caminho é que ainda é uma incógnita para nós humanos, porém todos os caminhos nos levam para onde devemos ir, contudo uns são mais curtos e outros mais longos.

Uma experiência feita pelo cientista John Dylan Haynes, no Centro Bernstein de Neurociência Computacional, em Berlim, colocou em dúvida a existência do que chamamos de "livre-arbítrio", nada mais é que a capacidade que o homem tem de tomar decisões por conta própria. Segundo John D. Haynes, as escolhas que fazemos na vida de fato são nossas, porém não são conscientes.

Agora pergunto ao caro leitor: o que está guardado em nosso inconsciente?

Sigmund Freud comparava a mente humana a um iceberg do qual apenas uma pequena parte está visível. A maior parte está submersa e, portanto, oculta como o inconsciente.

Freud já defendia que apenas uma pequena fração de nossas memórias encontra-se ativada, demarcando os limites da consciência. Todas as demais estão em estado latente, ou seja, escondidas.

Seriam também nossas memórias decantadas de vidas passadas e armazenadas em um bloco inconsciente de nosso cérebro espiritual que estaria ligado diretamente ao nosso cérebro material na vida atual?

O inconsciente nada mais é do que a soma de nossas memórias, um depósito infinito de experiências de vida, lembrando que a vida é eterna, o espírito é eterno. Porém, muito além de arquivá-las, cientistas atuais ainda as associam a um processo além da compreensão humana.

Na experiência feita pelo cientista John Dylan Haynes, vários voluntários foram selecionados e colocados à frente de uma tela na qual era exibida uma sequência aleatória de letras, e eles deveriam escolher uma e apertar um botão quando ela aparecesse.

O cientista monitorou o cérebro humano durante o experimento através de ressonância magnética e pôde concluir que dez segundos antes de os voluntários resolverem apertar o botão, sinais elétricos correspondentes a essa decisão apareciam nos córtices fontopolar e medial, as regiões do cérebro que controlam as tomadas de decisões.

Com a experiência, o cientista John afirma que, nos casos em que as pessoas podem tomar decisões em seu próprio ritmo e tempo, o cérebro parece decidir antes da consciência.

Bom, se o cientista estiver correto em seus experimentos, posso concluir que meu cérebro inconsciente tomou as decisões corretas antes mesmo de minha consciência e me levou para a estrada que eu deveria seguir até então.

E se o cientista estiver errado em seus experimentos, acertei nos caminhos que tive de escolher, por intermédio do livre-arbítrio, para então chegar até a fundação de um terreiro de Umbanda na Terra, de maneira que fui direcionado para as ações diante das vivências passadas.

O leitor deve estar se perguntando: por que dou tanto valor a estas histórias vivenciadas em um terreiro de Umbanda?

Simples responder! Cada ser humano encarnado tem seu processo evolutivo e seu caminho a seguir, ou melhor, vários caminhos e várias missões. O terreiro de Umbanda é um desses que estou percorrendo no processo evolutivo em minha vida.

Assim ocorre com outras pessoas, como padres, pastores, missionários, sacerdotes etc. E quando estamos dentro de uma trajetória, seja ela qual for, devemos aprender a amá-la ou simplesmente mudar nossa direção.

Confesso que entrei na religião da Umbanda muito cedo e pela dor. Naquela época, mesmo com pouca consciência do que estava acontecendo comigo, queria apenas me livrar de um "problema". Queria me curar de algo que enxergava como "mal" e para mim só isso seria o suficiente.

Depois que comecei a frequentar e estudar em um terreiro de Umbanda, minha vida se transformou para melhor, as mudanças começaram e aconteceram em meu ser de dentro para fora de forma gradativa.

Era um sentimento que envolveu meu íntimo espiritual, no qual eu tinha a impressão nítida de mudança de minha essência e de tudo que já havia passado em outras encarnações.

Algo impressionante do qual não há muita explicação, é como se fosse o sentido do amor, não dá para explicar com palavras, só experimentando para se ter noção desse sentimento tão maravilhoso e profundo.

O amor chegou sorrateiramente e com ele a sede de beber nas fontes do conhecimento da religião, assim o reconhecimento de que era chegada a hora de repassar o conhecimento adquirido e de transmiti-lo a outras pessoas.

Tudo na vida tem começo e meio, o fim não existe! Isso mesmo, o fim não existe! Tudo na vida começa e nunca termina. O meio vou mudar para "miolo". O "miolo", em minha concepção, seria o que aprendemos, o que absorvemos com a vida, seja ela material ou espiritual, o conteúdo.

Quando iniciamos um caminho, andamos por ele, e nessa trajetória plantamos e colhemos. Logo aparece outro caminho em que vamos plantar e colher novamente, até que um dia evoluímos. E na evolução, outros caminhos surgem, e neles trilhamos nossa ascensão até voltarmos de onde viemos como centelha divina, para Olorum. Todos somos parte d'Ele.

Um novo trabalho é um novo começo, a morte do corpo material é um novo começo para aquele espírito que está desencarnando rumo a uma nova jornada espiritual.

O fim de um terreiro é um novo começo para toda a comunidade, pois no plano espiritual aquela energia jamais deixará de existir; porém, dentro da mesma essência outro terreiro nascerá e novos caminhos virão.

Um dia nosso sistema solar morrerá e na melhor das hipóteses, desconsiderando os desastres cataclísmicos que poderão ocorrer, nosso sol, que é uma estrela, vai se tornar uma anã branca ou, dependendo de sua massa, acabará se tornando um buraco negro em sua morte. Consequentemente, nosso sistema solar morrerá, levando com ele toda uma história de começo e de "miolo". E de sua poeira cósmica nascerão novos planetas, novas estrelas e novas formas de vida.

Os habitantes de nosso planeta vão em espírito para um novo começo, cada um para onde deve ir dentro de seus padrões vibratórios adquiridos em vivências positivas ou negativas, evoluindo ou involuindo. Alguns para dimensões mais elevadas, outros para dimensões paralelas ou mais baixas, de acordo com seus padrões vibratórios.

Alguns reencarnarão em mundos materiais e outros começarão uma nova jornada em mundos espirituais.

O leitor deve estar se perguntando: por que será que ele está dizendo tudo isso? Digo pelo simples fato de que tudo na vida caminha para a evolução, e não há como fugir. Com isso, devemos sempre nos transformar em seres humanos melhores.

Sabe aquela frase "Eu nasci assim e vou morrer assim"? É impossível, por mais estacionados que estejamos à síndrome de Gabriela, jamais fará parte de nossas vidas, pois sempre estaremos em fase evolutiva, cada um em seu devido tempo e encarando e escolhendo seus caminhos.

O terreiro de Umbanda foi planejado e estruturado pelo plano espiritual superior, assim como a própria religião de Umbanda e outras, justamente para isso!

Para acolher todos os filhos encarnados e desencarnados, assim como Nossa Senhora da Piedade acolheu seu filho em seus braços e impulsionar seus seguidores para a evolução. Na verdade, esta é a missão das religiões na Terra, "muletas evolutivas".

A Umbanda é uma religião nova, com uma proposta inovadora que envolve uma liberdade religiosa dentro dos sentidos da vida, só que ainda é mal-interpretada, mas em um futuro breve essa compreensão dela virá à tona para todos, assim como pregam os mentores espirituais em nossos terreiros.

Pode até ser que um dia todos os umbandistas venham comungar de uma mesma linguagem e de uma mesma cartilha e, ainda assim, cada terreiro não deixará de ter sua particularidade.

E como um bom espiritualista que sou, vale a pena dizer que, independentemente de pesquisas científicas, acredito no livre-arbítrio, assim como o utilizei em diversas passagens de minha vida, principalmente nas tomadas de decisões, seja ele consciente ou inconscientemente estimulado por uma força superior.

Meu inconsciente tomou decisões antes de meu consciente. Lá no início dessa frase, já está minha resposta, utilizo a palavra "meu"; bom, se é "meu" inconsciente é parte de mim, e parte de mim é divina, pois eu e você somos deuses, parte divina. Portanto, fui eu que tomei as decisões e, felizmente, segui o caminho que acredito ser o melhor para mim e meus próximos.

A responsabilidade é nossa de elevar o nome da religião, de semear o bem, estudar e ensinar àqueles que sabem menos e ainda aprender com aqueles que sabem mais, pois a vida é um eterno aprendizado.

É hora de quebrar mitos, dogmas e tabus relacionados à religião dentro de cada terreiro, pois Umbanda é Fé, Umbanda é Amor, Umbanda é Conhecimento, Umbanda é Justiça Divina, Umbanda é Lei, Umbanda é Evolução, Umbanda é Geração, Umbanda é um novo começo sem fim. Umbanda é Livre.

Caro leitor, viva essa história dentro da sua, afinal, cada um de nós tem uma bela história para contar, não é mesmo? Nada melhor do que conhecer e saber as origens de nosso espaço sagrado na Terra.

Lembre-se, você é um templo vivo em que habita seu espírito, e o terreiro é um espaço sagrado que se isola em meio ao mundo profano e abriga milhares de templos vivos em seu interior, alavancando-os para sua ascensão espiritual. Salve o meu, o seu, o nosso TERREIRO DE UMBANDA!

O Terreiro

Chegamos ao último capítulo desta jornada. Hoje estou com 39 anos de idade, sacerdote ativo de Umbanda há cinco anos e com mais de 25 anos vivenciados dentro da religião.

Depois de tudo, o Terreiro foi fundado, e no ano de 2019 completou cinco anos de existência na Terra, concluindo assim parte de minha missão.

Hoje o terreiro recebe mais de 200 pessoas por semana, as quais chamo de "ovelhas temporárias". Uso este termo, "temporário", pois a Umbanda tem um grande poder. Tem o poder da transformação e da transmutação dos seres; sem sombra de dúvida transformará a maior parte dessas ovelhas em grandes leões desbravadores muito em breve, cada qual com sua vida, metas, sonhos e objetivos a ser alcançados!

Nunca devemos perder, em nosso contexto existencial, a irmandade e a fraternidade. Somos todos irmãos e templos vivos de nossos espíritos, alma essencial, que vive nesta dimensão material sedenta por evoluir a cada dia, passo a passo, degrau por degrau.

O terreiro de Umbanda é minha verdade, e se você chegou até aqui, acredito que também seja sua verdade! É essa verdade que sustentará nossa fé e todos os outros sentidos da vida, até nossa volta para a origem, que é Olorum.

Somos essências divinas, nascemos assim como o processo de fecundação de um feto aqui na terra, um zigoto[23] divino. Percorre-

---

23. **Zigoto**: Célula resultante da união do gameta masculino ao feminino, em estágio anterior ao da divisão celular.

mos uma longa jornada em várias e várias dimensões, muitas vezes imensuráveis à nossa mente.

Assim sou eu, assim é você, templos vivos de suas essências e às vezes subtraindo e somando sempre aos degraus em nossa vasta estrada evolutiva.

O terreiro de Umbanda faz parte dessa jornada. É como se fosse um andador de bebês que nos sustenta e ampara nossos passos em todos os sentidos, para que um dia possamos chegar ao nosso destino, a ascensão divina.

Agradeça a Olorum todos os dias por essa oportunidade que se chama vida, pois muitos gostariam de estar em nosso lugar e ainda não reúnem condições favoráveis em uma dimensão próxima para um novo reencarne nesse longo processo.

Agradeça ao seu terreiro, agradeça ao seu sacerdote, agradeça aos seus irmãos de fé, os quais, muitas vezes, têm uma longa jornada espiritual junto contigo e comigo e são partes desta nossa história; são templos vivos e sagrados dentro de outro templo sagrado chamado de **TERREIRO!**

Axé em seu coração...
Gratidão, Saravá!

Figura 2: Barracão quando selecionado para ser o Terreiro

Figura 3: Terreiro hoje

Figura 4: Corpo Mediúnico

MADRAS® Editora

Para mais informações sobre a Madras Editora,
sua história no mercado editorial
e seu catálogo de títulos publicados:

Entre e cadastre-se no site:

www.madras.com.br

Para mensagens, parcerias, sugestões e dúvidas, mande-nos um e-mail:

marketing@madras.com.br

SAIBA MAIS

Saiba mais sobre nossos lançamentos,
autores e eventos seguindo-nos no facebook e twitter:

@madrased

/madraseditora